AF276058

Cómo prácticar el *IKIGAI*

TIM TAMASHIRO

Cómo practicar el *IKIGAI*

*Lecciones para encontrar la felicidad
y vivir tu propósito en la vida*

EDICIONES OBELISCO

Si este libro le ha interesado y desea que le mantengamos informado
de nuestras publicaciones, escríbanos indicándonos qué temas son de su interés (Astrología,
Autoayuda, Ciencias Ocultas, Artes Marciales, Naturismo, Espiritualidad, Tradición…)
y gustosamente le complaceremos.

Puede consultar nuestro catálogo en www.edicionesobelisco.com

Colección Espiritualidad y Vida interior
Cómo practicar el *Ikigai*
Tim Tamashiro

1.ª edición: febrero de 2026

Título original: *How to Ikigai*

Traducción: *Verónica d'Ornellas*
Maquetación: *Marga Benavides*
Corrección: *M.ª Ángeles Olivera*
Diseño de cubierta: *Enrique Iborra*

© 2019, Tim Tamashiro
Edición publicada por acuerdo con Mango Pub. Group INC,
a través de International Editors & Yánez Co' S.L.
(Reservados todos los derechos)
© 2026, Ediciones Obelisco, S. L.
(Reservados los derechos para la presente edición)

Edita: Ediciones Obelisco, S. L.
Collita, 23-25 Pol. Ind. Molí de la Bastida
08191 Rubí - Barcelona - España
Tel. 93 309 85 25
E-mail: info@edicionesobelisco.com

ISBN: 978-84-1172-365-7
DL B 21192-2025

Impreso en España en los talleres gráficos de Romanyà/Valls, S. A.
Verdaguer, 1 - 08786 Capellades (Barcelona)

Printed in Spain

Reservados todos los derechos. Ninguna parte de esta publicación, incluido el diseño
de la cubierta, puede ser reproducida, almacenada, transmitida o utilizada
en manera alguna por ningún medio, ya sea electrónico, químico, mecánico,
óptico, de grabación o electrográfico, sin el previo consentimiento por escrito del editor.
Diríjase a CEDRO (Centro Español de Derechos Reprográficos, www.cedro.org)
si necesita fotocopiar o escanear algún fragmento de esta obra.

Este libro está dedicado a Jackson y Kennedy

«No pedí tener éxito, pedí maravillarme».

ABRAHAM JOSHUA HESCHEL

Introducción

Dave Thorsell tiene un *ikigai* maravilloso. Le encanta complacer a la gente.

Cualquier persona sería afortunada de tener a Dave como amigo. Es leal y generoso, y es mi mejor amigo del instituto. Yo mismo he decidido que con el tiempo se convirtiera en un hermano. Para mí, él es familia. No hay nada acerca de Dave que sea evidente de inmediato. Cada día se levanta para complacer a la gente.

Conocí a Dave en los primeros diez minutos de mi primer día de clase en el Instituto Lacombe Composite, en Lacombe, Alberta, en Canadá. Como ocurre en la mayoría de los primeros días de clase en un instituto, aquella mañana se respiraba mucha emoción en el ambiente. Tenía una copia de mi horario en la mano y estaba tratando de encontrar mi primera clase. Era el año 1981. Los mapas escolares no existían. Cada estudiante tenía que usar sus habilidades de deducción para encontrar su clase. Mi primera clase del día fue química con el Sr. Koole.

Me arriesgué a suponer que el aula podría estar en el segundo piso. Localicé el pasillo que llevaba hacia las escaleras, subí a toda velocidad los escalones, de dos en dos, y luego abrí de golpe la puerta de acero del segundo piso. Justo ahí, al otro lado de la puerta, unos pasos más adelante en el pasillo, vi a un chico rubio de pelo largo que estaba de espaldas a mí. Llevaba puestos una chaqueta tejana desteñida y gastada con un gran parche con la marca Honda cosido en la espalda. Pensé: «¿Honda? ¡Qué *pringao*». Entonces, el chico se giró y nuestras miradas se encontraron.

—¿Sabes dónde es la clase de química? –le pregunté.

—No –respondió–, pero yo también estoy en esa clase. Vamos a buscarla. Me llamo Dave.

Era Dave Thorsell. Fue evidente, inmediatamente, que era una persona leal y generosa. Lo primero que me ofreció fue la oportunidad de alegrarme un poco el día. Somos amigos desde entonces. Cuando complace a las personas, Dave es auténtico. Su *ikigai* es complacer a la gente. Para él, hacerlo es tan fácil como respirar.

Como en el caso de Dave, tu *ikigai* es tu razón para levantarte de la cama todas las mañanas. Es tu propósito. El *ikigai* es un atributo que tienen todas las personas. En algunas ocasiones es evidente, como en el caso de Dave. En otras no lo es tanto.

He escrito este libro para ayudarte a entender qué es el *ikigai*. Pero lo más importante es que mi intención es ayudarte a averiguar cuál es *tu ikigai*. Para sacarlo a la luz, debes convertirte en un investigador del *ikigai*.

Mi motivación para escribir este libro tiene su origen en mi propio *ikigai*, que es *deleitar*. Espero deleitarte, porque ése es el motivo por el cual me levanto cada mañana.

Hay otra cosa que he aprendido acerca del *ikigai*. He aprendido que, cuando envío alegría al mundo, a cambio de ello recibo alegría. Tanto si canto una canción sobre un escenario, presento un pódcast o charlo con el vendedor en una tienda de comestibles, mi *ikigai* es deleitar.

Tengo la clara comprensión de que cada día está lleno de oportunidades para hacer uso de mi *ikigai*. Es fácil compartir el *ikigai* y también sentir las recompensas de compartirlo. El *ikigai* es un ciclo de propósito perpetuo.

Me gustaría deleitarte con este libro compartiendo contigo pensamientos e ideas que espero que te resulten útiles en tu viaje de descubrimiento de tu propósito. Mi deseo más profundo es que, con mis divagaciones, puedas conocer los beneficios de la autoexploración. En este libro hay un mapa del tesoro que te ayudará a encontrar tu *ikigai*. Lo único que tienes que hacer es seguir las pistas.

No pretendo ser un sabio que se ha pasado diez años sentado con las piernas cruzadas en la cima de una montaña meditando sobre el sentido de la vida, pero puedo decir que soy una persona común y corriente que ha experimentado cosas maravillosas a lo largo de su existencia. Y el único hilo que une todas esas experiencias increíbles es mi *ikigai*.

Pero siempre he sabido cuál era mi *ikigai*. Durante un largo tiempo, ni siquiera sabía que existía el *ikigai*. Sin embargo, siempre sospeché que la vida tenía un propósito, y ahora que conozco el mío, mi tarea es realizar todo mi potencial y ofrecérselo al mundo.

Mi misión en los últimos 52 años ha sido investigar el sentido de la vida. Se ha convertido en un trabajo arduo. He estado buscando indicios, he prestado atención y he seguido las pistas. He usado mis habilidades deductivas para ir atando cabos, uno a uno, aunque en ocasiones me llevaban a callejones sin salida. «¡Dios mío, esto me está volviendo loco!», pensaba. Y entonces, cuando menos lo esperaba, encontré mi *ikigai*: deleitar. ¡Ajá! Durante años tuve empleos que me proporcionaron indicios de cuál era mi *ikigai*, pero no me daba cuenta de que esos trabajos seguían un patrón que conectaba esos indicios. Toqué con bandas, trabajé como representante de marketing en una empresa discográfica y fui presentador de programas de televisión y de radio. Cada uno de esos empleos me dio pistas sobre mi *ikigai*. Cuando finalmente até cabos, mi *ikigai* resultó evidente. Cada uno de esos trabajos, que creía que hacían que fuera considerado un hombre «exitoso», en realidad me estaban dando la oportunidad de ser yo mismo. Me sentía «exitoso» porque encontraba maneras de deleitar. Esos empleos me atraían porque me brindaban una parte de mi *ikigai* todos los días.

Al descubrir mi propósito, también descubrí que el *ikigai* es acción. Con esta guía práctica, ahora comprendo que quiero compartir mi *ikigai* con la mayor frecuencia posible. Siento que escribir este libro es un regalo maravilloso que me ofrece la oportunidad de deleitarte.

Espero que encuentres que mis pensamientos y mis lecciones son valiosos para ti. Tú eres un investigador del *ikigai*. Sigue las pistas. Tienes todo mi apoyo. Espero que tu *ikigai* pronto esté a tu alcance.

Comprender el valor
de tu vida

Capítulo uno

Bienvenido al *ikigai*

Bienvenido al concepto de *ikigai*, el valor de tu vida. El *ikigai* es «la razón por la cual te levantas de la cama cada mañana». Es aquello que haces todos los días, que es significativo para ti y para los demás. Quizás en este momento no comprendas cuál es tu *ikigai*, pero este libro te ayudará a averiguarlo.

Lo primero que necesitas saber es que *ikigai* es una palabra y un concepto que procede de Okinawa, en Japón. Para pronunciar este término correctamente, lo primero que debes hacer es sonreír. Eleva tus mejillas en una sonrisa radiante y empieza por el sonido *I*. Así lo pronuncian los japoneses. Dado que hay tres íes en *ikigai*, para pronunciar la palabra correctamente, debes decir i-ki-gai, con una sonrisa en los labios.

 Además de ser tu propósito –la razón por la que te levantas de la cama por la mañana–, el *ikigai* es un mapa. Cuando practicas tu propósito, también estás siguiendo un mapa que puede llevarte a descubrir tus dones.

Lo segundo que debes saber es que tu *ikigai* está a tu alcance. Este libro pretende ayudarte a destacar tu *ikigai*. Una vez que te concentres en lo que se te da bien y en lo que te gusta hacer, tu *ikigai* empezará a ofrecerte recompensas. Te levantarás de la cama cada día con una clara comprensión de por qué te levantaste de la cama en primer lugar.

 El *ikigai* es un mapa. Cuando practicas tu propósito, estás siguiendo un mapa que te puede llevar a descubrir tus dones.

Además de ser tu propósito (la razón por la que te levantas de la cama por la mañana), el *ikigai* es un mapa. Cuando practicas tu propósito, sigues un mapa que te puede llevar a descubrir tus dones. Una vez que descubres tus dones, cada día que practiques tu *ikigai* también estarás más en sintonía con esos dones. Descubrirás que los compartes a menudo y que los demás te recompensan por hacerlo. El *ikigai* es un mapa que viaja en un círculo de dones.

Cuando me contrataron para ser presentador de radio en CBC Radio 2, no imaginé que encontraría decenas de oportunidades cada día para sentir el círculo de dones que vienen con el *ikigai*. A grandes rasgos, la descripción del empleo era buscar información sobre las canciones que se reproducirían en la emisión de radio cada noche y compartir los detalles con los oyentes. Me complació saber que ser un presentador de radio era mucho más que eso. En cada programa tenía doce oportunidades para contar historias relevantes de un minuto de duración.

El trabajo de un presentador de radio consiste en hacer compañía al oyente. El 90 % de las personas que escuchan la radio están solas. Están conduciendo un vehículo o escuchando con sus auriculares en sus teléfonos mientras viajan en tren o en autobús. Es posible que algunos oyentes estén en casa fregando los platos o trabajando en un proyecto de carpintería. Mi tarea consistía en hacer que los espacios entre las canciones fueran tan elocuentes como las propias canciones, o incluso más.

El círulo de dones del Ikigai

Qué amas
Qué se te da bien

Haz lo que el
mundo necesita

Haz aquello por lo que
puedes ser recompensado

La CBC ofrece un gran apoyo a los presentadores de radio. Trabajé con productores confiables y con dos entrenadores de la radio. En la etapa inicial de mi formación, ellos me enseñaron que sólo hay cuatro tipos de historias que contar en la radio. Citaron a la experta en formación radiofónica Valerie Geller y me dijeron que las historias de radio de «cabeza, corazón, bolsillo y transformación» serían el centro de mis narraciones. Las historias que escribiría y compartiría cada día harían pensar y sentir a los oyentes. Contaría historias que brindaran información sobre seguridad económica y, además, también narraría historias de transformaciones que empezarían con «Había una vez» y terminarían con «y vivieron felices».

Los formadores me inspiraron a encontrar historias que fueran importantes para los oyentes. Las historias debían ser significativas. Cada día trabajaba duro para encontrar temas que estuvieran relacionados con las canciones, los artistas y los compositores. Cuando encontraba uno, tenía que tratar de entender por qué sentía que esa historia era significativa para mí. ¿Me transmitía información o una emoción? Mi desafío consistía en escribir cada historia y narrarla de tal manera que deleitara a la audiencia.

Trabajé muy duro investigando, escribiendo y contando las historias todos los días. Entonces, un día llegó un sobre grueso por correo. Era de un hombre llamado Gerry que vivía en un pequeño pueblo denominado Estevan, Saskatchewan. Dentro del sobre había una tarjeta de cartón hecha a mano y una serie de fotografías y fotocopias. Gerry era un jardinero entusiasta y en el pasado había sido músico de jazz. Me escribía para contarme cuánto disfrutaba de mi programa de radio todas las noches. Además, me enviaba unas fotos de las flores de su jardín. Tenía rosas «Oscar Peterson» y había colocado unos altavoces para poder escuchar jazz durante todo el día mientras cuidaba de sus flores. Me había enviado el regalo más maravilloso. Gerry me mostró que la música y las historias eran importantes para él todos los días.

Muchos otros oyentes me contaban sus propias historias sobre el deleite que encontraban en mi programa de radio. Yo enviaba deleite en cada emisión a través de las ondas de radio y los oyentes me enviaban de vuelta el deleite.

 Nos han dicho que cuando recibes una buena educación consigues un buen trabajo y entonces vives una buena vida. Pero hay más que eso.

Averiguar cuál es tu propósito en la vida puede parecer una tarea abrumadora. ¿Por dónde empezar? ¿Existe una ciencia que respalde el «propósito de la vida»? ¿Qué pasos hay que tomar y cómo sabe uno si está en el camino correcto? Éstas son preguntas abrumadoras que impiden que la gente inicie la aventura del *ikigai*. En lugar de hacerlo, las personas tienden a adoptar las creencias que la sociedad y la educación institucionalizada nos han transmitido durante años, porque les resultan seguras y familiares.

Nos han dicho que si has recibido una buena educación, conseguirás un buen trabajo y vivirás una buena vida. Pero hay más que eso. Sigue el mapa del *ikigai* y lo comprobarás tú mismo.

El mapa del *ikigai* tiene cuatro sencillas directrices a seguir:

1. Haz aquello que amas
2. Haz aquello que se te da bien
3. Haz aquello que el mundo necesita
4. Haz aquello por lo que puedes ser recompensado

 El *ikigai* tiene dos partes. Está el medio *ikigai* y el *ikigai* completo.

Estas directrices son engañosamente simples, pero hay que hacer un esfuerzo para comprenderlas y llevarlas a la acción. La buena noticia es que el esfuerzo que dediques a seguir estas directrices dará como resultado unas recompensas inmediatas.

 Con el tiempo, empezarás a comprender que disfrutas más del *ikigai* cuando lo compartes con el mundo.

El *ikigai* consta de dos partes: el medio *ikigai* y el *ikigai* completo. El medio *ikigai* se centra en ti: ¿qué es lo que amas y qué se te da bien? El *ikigai* completo te muestra todo el ciclo del *ikigai*: ser consciente de que hacer lo que amas y aquello que se te da bien aporta algo al mundo y fluye de vuelta a ti.

En cuanto te comprometes con tu medio *ikigai* empiezas a ver los beneficios. Tu medio *ikigai* te aportará una mayor comprensión de ti mismo y podrás comenzar tu trabajo.

Con el tiempo, empezarás a comprender que disfrutas más del *ikigai* cuando lo compartes con el mundo. Es entonces cuando empieza la magia. Estarás en el camino de la realización de tu *ikigai* completo y tu trabajo será tan fácil de hacer como seguir a una estrella en el cielo.

La historia del *ikigai*

El *ikigai* es una idea que proviene de la gente de las pequeñas islas de Okinawa, en Japón. Si observas un globo terráqueo, Okinawa está a la misma distancia del extremo sur de Japón y de la costa este de China. Para encontrar Okinawa en un globo terráqueo, asegúrate de tener una lupa a mano. Son unas islas microscópicas, como pequeños granos de sal.

Puede parecer que Okinawa es un lugar donde es imposible que las personas vivan y prosperen. Es diminuta. Hace muchísimo calor. Incluso hay quien cree que las islas son inhóspitas. Sin embargo, Okinawa ha sido el hogar de mucha gente durante decenas de miles de años. En la actualidad, casi un millón y medio de personas viven en la Prefectura de Okinawa.

Aunque el concepto del *ikigai* existe desde hace más de mil años (desde el período Heian, 794-1185 d. C.), sólo los oriundos de Okinawa y algunos japoneses que no son de las islas han sido los afortunados beneficiarios de sus lecciones.

Originalmente, el *ikigai* empezó llamándose *ikikai* o «concha de vida».

En las aguas que rodean a Okinawa, o Ryukyu, como se la conocía en el período Heian, había algo especial que vivía y crecía por debajo de la superficie. Ryukyu era el guardián de su propio tesoro especial hundido. En el fondo del océano hay ostras con unas hermosas conchas rojas espinosas, o *kai*. Estas conchas son tan bellas y raras que gente de todos los rincones de Asia quería poseerlas y lucirlas como joyas. Eran tan valiosas como las piedras preciosas.

Cuando algo captaba su interés, se sumergían hasta 18 metros de profundidad para mover las rocas y hurgar entre el coral con palos.

Estas conchas rojas espinosas se encontraban en el suelo marino que rodeaba Ryukyu. Formaban parte de la cosecha diaria de mariscos y eran recolectadas por las *ama*. Las *ama* son unas mujeres que son famosas por su habilidad para bucear a las profundidades del mar para recoger mariscos y otros tesoros del lecho marino.

Las *ama* de Ryukyu recogían conchas en las costas durante las primeras horas de la mañana, cuando el mar estaba tranquilo. Si las aguas estaban claras, podían ver las profundidades y lejos en el agua. Con el pelo recogido hacia atrás y vestidas únicamente con un taparrabos blanco, se adentraban en el mar nadando y arrastrando un gran balde de madera. Cuando habían nadado a la suficiente profundidad, se sujetaban del costado del balde flotante y sumergían el rostro en el agua para buscar conchas abajo. Cuando algo captaba su interés, se sumergían hasta 18 metros de profundidad para mover rocas y hurgar entre el coral con palos.

Si tenían suerte, encontraban una ostra roja espinosa. La recogían, regresaban a la superficie y la introducían en el cubo flotante.

Las *ama* inician su entrenamiento siendo niñas y continúan buceando hasta la vejez. Bucear es algo en lo que son buenas y algo que adoran. Recogen alimentos y conchas rojas espinosas (*kai*) para que otros los disfruten y reciben una buena paga por hacerlo. Las *ama* tienen una hermandad con sus reuniones diarias. Hablan de lo que está ocurriendo en su pueblo. Chismorrean y ríen antes y después de bucear. Estas mujeres increíbles fueron las primeras en incorporar los beneficios del *ikigai*.

Las aguas siempre han sido frías, pero las *ama* creen que el trabajo que realizan está hecho a la medida de la mujer. Consideran que tener una capa adicional de grasa mantiene el calor de sus cuerpos. Los hombres no soportan el frío como ellas. Además, a lo largo de los siglos, las *ama* han desarrollado la habilidad de contener la respiración hasta dos minutos seguidos. Mientras suben a la superficie, exhalan con un silbido inquietante que sale de lo más profundo de sus gargantas. Las *ama* eran como sirenas que ayudaban a alimentar a la gente mientras se ganaban la vida haciendo lo que amaban.

 *Ikigai*, entonces, está formado por dos palabras: *iki*, que se traduce como «vida» y *gai*, que significa «valor». *Ikigai = el valor de la vida.*

En la actualidad, las *ama* todavía trabajan de la misma forma tradicional en Japón y en Corea. Todavía se reúnen al amanecer. Todavía chismorrean y ríen. Todavía bucean sin ayuda de un equipo de buceo. Las *ama* son la esencia misma del *ikigai*.

 La clave del *ikigai* es hacer lo que estás destinado a hacer. Tienes dones que están rogándote que les des un buen uso. Entender el *ikigai* es una forma de poner tus dones a trabajar, para que puedas disfrutar de sus beneficios.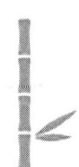

Gracias a las *ama*, las conchas eran una parte valiosa de la economía de Ryukyu. Con el tiempo, el *ikikai* pasó a significar algo más que *concha de vida*. *Ikikai* se convirtió en *ikigai*. Así pues, el *ikigai* está formado por dos palabras: *iki* que se traduce como «vida» y *gai*, que significa «valor». Ikigai = *el valor de la vida.*

 El *ikigai* forma parte de una vida equilibrada, productiva y placentera.

Los okinawenses y los japoneses creen en el *ikigai*. De hecho, los japoneses son reconocidos practicantes del arte de dominar todo aquello a lo que se dediquen. Eso significa que hacen lo que aman, aquello en lo que son buenos, aquello que el mundo necesita y aquello por lo que pueden ser recompensados. Ésta es una práctica que ha inspirado a personas que dominan una amplia variedad de profesiones japonesas. El *ikigai* forma parte de una vida equilibrada, productiva y placentera.

Masaaki Hiroi es un anciano japonés de rostro alegre y ojos sonrientes. Cada día se sienta en un taburete bajito en su taller y fabrica peonzas. Es un fabricante de juguetes de cuarta generación cuya mayor esperanza es hacer juguetes que hagan reír a la gente.

Al Sr. Hiroi le encanta crear cosas con sus manos. Lleva más de cincuenta años fabricando unas peonzas que son como pequeñas personalidades de madera. Una de ellas es una señora regordeta con una sombrilla sobre su cabeza. Cuando haces girar la sombrilla, su brazo se mueve de una forma delicada y caprichosa, como si estuviera empolvándose la cara a toda prisa. En la otra mano sostiene un espejo. Es una señora muy ocupada que no tiene tiempo que perder. Los polvos le devuelven el brillo de su juventud.

Otro de sus juguetes representa a un hombre feliz comiendo *ramen*, sosteniendo los fideos con un par de palillos. Mientras la peonza gira por encima del hombrecillo, él levanta sus fideos alegremente hacia su boca y luego los vuelve a bajar. Cuando abre la boca, su lengua rosada se mueve como si estuviera disfrutando de los fideos.

Otra peonza muestra a una pequeña persona regordeta que mira al vacío con unos ojos grandes y cansados. Este juguete tiene dos movimientos: mientras se lleva un diminuto helado a la boca, una pequeña lengua roja sale una y otra vez realizando el gesto de lamer. En la otra mano sostiene un minúsculo abanico japonés.

Masaaki pasa sus horas de vigilia y de sueño pensando en sus peonzas de madera. Los elabora en un pequeño torno en su taller, rodeado de virutas de madera, pinceles y bandejas con material de trabajo amontonadas de una manera aleatoria por todo su pequeño espacio. Su lugar de trabajo es una pequeña habitación de su casa. El polvo llena el aire del taller como si fuera polen. Junto a su mesa de trabajo hay una ventana abierta por la que entra aire fresco. Ése es su lugar feliz. Ahí fabrica objetos para proporcionar felicidad. Es el Geppetto de Japón.

El maestro Masaaki no utiliza bocetos. Su mente y sus manos guían sus creaciones. A lo largo del día talla y lija. Afila y equilibra varillas de metal para incorporarlas a las peonzas. Pinta sus personajes cuidadosamente con colores primarios. Les pone los rostros de alegres personajes que encontrarías en cualquier mercado urbano un domingo por la tarde. Al final del día, el Sr. Hiroi habrá fabricado un juguete tan sólo a partir de su imaginación. Está garantizado que cualquier cosa creada por él será encantadora. Los simples diez a veinte segundos de acción que uno ve con cada giro iluminarán incluso los días más oscuros.

 Tienes dones que están rogando que les des un buen uso. Entender el *ikigai* es una forma de poner tus dones a trabajar para que puedas disfrutar de sus beneficios.

Fabricante de juguetes de cuarta generación, el maestro Masaaki aprendió el oficio de su padre. A los ochenta años, le encanta trabajar en sus peonzas todos los días. Es un maestro juguetero que ha viajado por el mundo impartiendo talleres y orientando a las personas que aspiran a ser fabricantes de juguetes y seguir sus pasos. Su *ikigai* lo impulsa cada día a crear juguetes de madera para hacer felices a quienes los contemplen. Todavía busca perfeccionar su oficio todos los días. Nunca deja de aprender. Disfruta de todo su ciclo de *ikigai* creando juguetes que llevarán dicha a las personas y, como resultado de ello, él también recibe satisfacción.

La clave del *ikigai* es hacer lo que estás destinado a hacer. Tienes dones que están rogando que les des un buen uso. Entender el *ikigai* es una forma de poner tus dones a trabajar para que puedas disfrutar de sus beneficios.

Un enfoque Venn del *ikigai*

El mundo recién está empezando a comprender el *ikigai*. Si buscas información sobre el *ikigai* en Internet, una de las primeras cosas que encontrarás es una figura a la que se suele hacer referencia. Es un diagrama de Venn formado por cuatro círculos dispuestos en forma de diamante. Los círculos explican claramente el *ikigai* en un instante. En el sentido opuesto a las agujas del reloj, el círculo de la parte superior representa la primera lección del *ikigai*: haz aquello que amas; el segundo círculo, abajo y hacia la izquierda, ofrece la siguiente lección: haz aquello que se te da bien; el tercer círculo, en la parte inferior, te anima a hacer aquello que el mundo necesita; y el último círculo, justo encima del círculo inferior, enseña esta lección: haz aquello por lo que puedes ser recompensado.

Una parte de cada círculo se superpone a partes de los otros, de manera que se encuentran en el centro en una confluencia. Ahí donde los cuatro círculos se unen en el centro es donde se produce la magia del *ikigai*.

El *ikigai* es una antigua filosofía creada por los sabios de Okinawa. En Okinawa se originó la filosofía, el concepto y la palabra *ikigai*. Sin embargo, este diagrama de Venn es una interpretación moderna proporcionada por el filántropo Marc Winn. Rara vez se reconoce a Marc por su síntesis del *ikigai*, pero él nos ha brindado una interpretación muy simple que millones de personas pueden entender.

Cuenta Marc que la idea del diagrama de Venn para el *ikigai* le vino a la mente en 2014 cuando estaba escribiendo un artículo sobre el *ikigai* para su página web. El célebre libro de Dan Buettner sobre la longevidad titulado *Blue Zones* lo inspiró a redactar ese artículo. En el libro, Dan llevó el *ikigai* a la atención de sus lectores cuando describió un pueblecito de Okinawa llamado Ogimi.

Ogimi es famoso por sus habitantes ancianos, quienes son respetados y venerados por su sabiduría y su salud. En el pueblo hay una declaración en piedra en la que se afirma con orgullo que ése es el pueblo de la longevidad. La declaración dice: «A los ochenta años, todavía soy un niño. Cuando venga a verte a los noventa, échame para que espere hasta los cien». Ogimi es el hogar de muchos centenarios que tienen secretos que compartir y lecciones que transmitir sobre muchas cosas, incluido el *ikigai*.

Marc conectó instintivamente la investigación de Dan Buettner en Ogimi acerca de la longevidad y su perspectiva singular sobre el *ikigai* con otra idea con la que se había topado. Recordó un diagrama de Venn de cuatro círculos dispuesto en forma de diamante con la palabra «propósito» en el centro. Sustituyó ese término por el vocablo «*Ikigai*». Ese pequeño cambio de una palabra resultó ser muy profundo. Marc incluyó el diagrama de Venn con su simplificación del *ikigai* en el artículo que publicó en su blog. En los meses y años siguientes, su interpretación del *ikigai* se extendió como un reguero de pólvora.

 *Ikigai* es propósito. Intercambiando una palabra, Marc Winn ha dado al mundo un gran regalo: una infografía que es un sencillo mapa del propósito de la vida.

Según Marc, millones de personas del mundo entero entienden el *ikigai* desde que el diagrama se hizo viral. Él ha visto aparecer su interpretación en libros y artículos todos los días. El hecho de haber simbolizado el *ikigai* en un diagrama de Venn fácil de entender y accesible ha hecho que éste llegue a las consciencias de las personas en busca de sentido del mundo entero. ¡Felicidades, Marc! Mereces un reconocimiento mucho mayor del que has recibido.

Ikigai es propósito. Intercambiando una palabra, Marc Winn ha proporcionado al mundo un gran regalo: una infografía que es un sencillo mapa del propósito de la vida.

Prueba buscar sobre cualquiera de estos temas en Internet:

El sentido de la vida
El propósito de la vida
Satisfacción laboral
Guía profesional

Marca personal / *branding*
Qué hace que la vida valga la pena
Una vida con sentido
Cómo encontrarle sentido a la vida
Cuál es el sentido de la vida
Vivir una vida con sentido

Todos esos términos de búsqueda te proporcionarán una gran cantidad de ideas, filosofías y opiniones. Sin embargo, si realizas una búsqueda de *ikigai*, probablemente verás el sencillo diagrama de Venn creado por Marc Winn, el cual ofrece un mapa fácil de leer del *ikigai* y el propósito de la vida. Marc ha permitido que uno pueda buscar el propósito de la vida.

 Tu *ikigai* será distintivo para ti, tan único para ti como el iris de tu ojo. Entonces, ¿cómo encontrarlo? Hallarás las respuestas cuando sigas las cuatro directrices.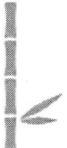

Marc, tu conexión con el propósito y el *ikigai* es magistral. ¡Gracias por brindarnos tu diagrama de Venn!

Si el diagrama de Venn de Marc Winn hizo que el *ikigai* fuera más accesible, entonces espero que este libro haga que sea más realizable. Realizar tu *ikigai* es esencial para llevar a cabo tu propósito de largo plazo. Como sabes, la vida no viene con un manual de instrucciones. A través del *ikigai*, finalmente tienes un mapa que puede conducirte al propósito y al sentido cotidiano de tu vida.

Sigue el mapa y descubrirás tus maravillosos dones. Tu misión es compartir esos dones con el mundo. Cuando compartes tus dones con otras personas, sientes que recibes una recompensa. Te recuerdo una cosa: el *ikigai* sólo tiene cuatro directrices.

1. Haz aquello que amas
2. Haz aquello que se te da bien

3. Haz aquello que el mundo necesita
4. Haz aquello por lo que puedes ser recompensado

 ¿Qué es lo que amas? ¿Qué es lo que se te da bien? ¿Qué crees que el mundo necesita? ¿Por qué puede recompensarte el mundo?

Tu *ikigai* será distintivo para ti, tan único como el iris de tu ojo. Entonces, ¿cómo encontrarlo? Hallarás las respuestas cuando sigas las cuatro directrices.

Aunque las directrices pueden parecer muy simples, quizás creas que son difíciles de ejecutar. Si en un principio consideras cada una de las directrices como una pregunta (¿qué es lo que amas?, ¿qué es lo que se te da bien?, ¿qué crees que el mundo necesita?, ¿por qué puede recompensarte el mundo?), cada una de las directrices necesita una respuesta para que te quede completamente claro cuál es tu *ikigai*. Las respuestas llegarán a través de tus esfuerzos. El esfuerzo es la parte difícil porque, aunque la mayoría de la gente quiere tener un propósito superior, suele ser lo último que necesita para una supervivencia básica. Una vida de *ikigai* hace que el propósito sea una alta prioridad con la que actuar cada día. Un poco de sentido cada día se convertirá en toda una vida de dicha.

Por la mañana, cuando suena tu alarma y alargas el brazo con los ojos todavía cerrados, presionando ciegamente el botón para apagarla, ¿estás despertando para solamente sobrevivir el día? Mereces mucho más que eso.

Muchas personas quieren hacerte creer que debes dedicar tus días a alcanzar el éxito. Pero el éxito es una medida del ego. Sólo te importa a ti. Tú y el mundo merecéis mucho más que eso.

Cuando lleves el *ikigai* a la acción, cada mañana despertarás con un propósito más grande. Despertarás cada día maravillado. El *ikigai* tiene tu mapa hacia las maravillas.

Capítulo dos

¿Cuál es el propósito de tu vida?

Si eres como la mayoría de la gente, seguramente en algún momento te habrás hecho la siguiente pregunta: «¿Cuál es mi propósito en la vida?». Se trata de una cuestión que las personas se han estado planteando desde hace un milenio, pero es una pregunta que la mayoría de la gente no podrá responder durante su vida. Este libro está pensado para poner a tu alcance tu propósito en la vida.

 Si eres como la mayoría de la gente, seguramente en algún momento te habrás hecho la siguiente pregunta: «¿Cuál es mi propósito en la vida?».

Cuando se trata de resolver un misterio, se suele decir que la mejor respuesta es la más simple. Y esa respuesta es el *ikigai*. Sólo hay que seguir cuatro directrices.

Si buscas tu propósito en la vida, considera que tu alma tiene un asunto que debe resolver. ¿Qué pasos puedes dar para obtener las respuestas que necesitas? Mis propios pasos me han llevado a aventuras que a algunas personas podrían parecerles descabelladas. Pero la búsqueda del sentido de la vida empieza en un momento en que somos jóvenes y puros, cuando estamos llenos de energía y entusiasmo. Para la mayoría de las personas, empezó el primer día después de graduarse del instituto. ¿Pero qué pasó después?

Levanto el dedo como si fuera un profesor y afirmo: «Tu misión es descubrir cuál es tu tarea y luego entregarte a ella con todo tu corazón». En realidad, Buda no dijo eso...

Ningún chico o chica recién salido del instituto sabe qué diantres va a hacer con su vida. En el mejor de los casos, lo adivina, ¿pero acaso no hacemos todos lo mismo? La tarea de una persona de dieciocho años es ser guapa y dejarse ver, buscando compañía. Su tarea consiste en hacer lo que sus hormonas le ordenan.

Deben ser vistos. Además, deben experimentar, teniendo la mayor cantidad de experiencias adultas posibles. Carl Jung los llamaba «atletas». La naturaleza está haciendo su trabajo. Su tarea consiste en exhibir sus cuerpos jóvenes buscando pareja.

Con frecuencia comparto las palabras inmortales de una falsa cita de Buda con los recién graduados. Levanto el dedo como si fuera un profesor y afirmo: «Tu misión es descubrir cuál es tu tarea y luego entregarte a ella con todo tu corazón». En realidad, Buda no dijo eso, pero no por eso deja de ser una frase profunda, porque, finalmente, el falso Buda estaba hablando del *ikigai*.

En 1987, yo era un joven de veinte años con el pelo largo, un bigote ralo y una sonrisa ansiosa. Ésos eran mis únicos recursos. Hasta donde sabía, la vida que tenía por delante estaba destinada a ser una sucesión de empleos bien pagados con los que me ganaría la vida. La idea de tener un propósito en la vida no existía. Pero mi instinto me decía una y otra vez que había algo más. Me lo susurraba.

Pero mi instinto me decía una y otra vez que había algo más. Me lo susurraba.

Ese trabajo me ayudó a ser consciente de que la vida era muy distinta; la vida no es una línea recta. Es un tropiezo serpenteante y ebrio que va hacia adelante y hacia la izquierda y hacia la derecha y hacia atrás.

Cada día despertaba por la mañana y desayunaba con rapidez antes de salir hacia mi trabajo. Trabajaba en las autopistas como miembro del equipo de inspección. Mi tarea consistía en ir adonde el jefe de equipo me pidiera que fuera. Me enviaba a avanzar por la pista de cien metros en cien metros. Luego me giraba para mirarlo mientras sostenía un palo con rayas rojas y blancas, moviéndolo hacia arriba y hacia abajo para que él lo guiara a través de su visor. Me movía lentamente hacia la izquierda o hacia la derecha, según lo que él me indicara moviendo las manos.

Si él extendía el brazo hacia la izquierda, yo movía el palo hacia la derecha. Si movía rápidamente su brazo hacia la derecha, yo movía el palo un poco hacia la izquierda. Cuando el palo estaba justo donde él lo necesitaba, levantaba ambos brazos por encima de la cabeza formando una X. Yo plantaba la punta de acero del palo profundamente en la pista y lo marcaba con un trozo de tiza. Por último, lo que hacía era ayudar a trazar líneas rectas.

Con la edad y la sabiduría, aprendemos a evitar pisar las piezas de Lego. Los Lego son las partes dolorosas de la vida. El resto de la habitación es la vida cotidiana.

Ese trabajo me ayudó a ser consciente de que la vida era muy distinta; la vida no es una línea recta. Es un tropiezo serpenteante y ebrio que va hacia adelante, hacia la izquierda, hacia la derecha y hacia atrás. Y no hay nadie que te indique hacia dónde debes ir. Pasamos por la vida como si estuviéramos caminando descalzos por una habitación gigantesca completamente oscura, con algunas piezas de Lego esparcidas por el suelo. Nuestra tarea consiste en encontrar nuestro camino a través de la habitación, aprendiendo un poco más sobre ella cada día. Con la edad y la sabiduría, aprendemos a evitar pisar las piezas de Lego. Los Lego son las partes dolorosas de la vida. El resto de la habitación es la vida cotidiana.

Pero ¿y si de repente apareciera un cono de tráfico rojo y blanco ligeramente iluminado en esa habitación? Captaría tu atención. Quizás brillaría justo lo suficiente para ser visto en la distancia. ¿Le prestarías atención? ¿Caminarías hacia el cono?

En junio de 1987, una mañana de domingo, estaba acostado en mi estrecha cama individual mirando al techo. Siempre esperaba con ilusión los fines de semana, para poder tener un poco de tiempo para disfrutar. Mi trabajo como auxiliar de inspección estaba bien pagado, pero no me resultaba gratificante. Era un empleo pero no era mi pasión.

Mientras estaba tumbado boca arriba, me pregunté qué me tendría reservado el futuro. *¿Mi situación actual es lo que se supone que debería ser la vida?* ¿Trabajar de lunes a viernes haciendo algo que está bien pagado? ¿Y luego disfrutar de los sábados y los domingos odiando los lunes y repitiendo esto *ad nauseam* hasta mi jubilación? No me parecía posible que eso fuera todo lo que la vida me tenía reservado.

Pero la vida de mi padre había sido así. Era un hombre muy trabajador. Él también trabajaba en las autopistas. Durante los veranos, se ausentaba durante meses, pues estaba pavimentando largas extensiones de pistas de asfalto negro. Empezaba el día a las cinco de la mañana. Trabajaba entre doce y catorce horas diarias. Al final del día, comía algo rápido y luego se dirigía a su dormitorio y se desplomaba exhausto sobre la cama. Su generación vivía de esa manera.

 ¿Qué podía hacer con mi vida que fuera interesante y divertido? ¿Y acaso era eso posible?

Era deprimente pensar en que mi vida en el futuro iba a ser como la de mi padre. Estaba en conflicto conmigo mismo. La inspección es una profesión buena y respetable por la que quería sentirme agradecido. ¿Pero por qué me sentía tan infeliz? ¿Qué podía hacer con mi vida que fuera interesante y divertido? ¿Y acaso era eso posible?

Respiré profundamente. *Piensa.*

Una idea hizo explosión en mi mente como si se tratara de fuegos artificiales. Me incorporé en la cama y exclamé en voz alta: «Voy a estudiar música». En ese momento, tomé mil decisiones sobre cómo sería mi vida a partir de entonces. La decisión principal fue que me centraría en aspectos de la música en mis empleos futuros. Buscaría trabajo en el negocio de la música y en la ingeniería de sonido. Trabajaría en tiendas de discos y me ofrecería como voluntario en los festivales de música. Estudiaría gestión musical y derechos de autor. Todos los caminos me parecían posibles. La música sería *lo mío*.

 Todos los caminos me parecían posibles.

A pesar de que no entendí del todo el impacto que esa mañana había tenido en mi vida, más adelante me di cuenta de que la música ha sido una guía para mí. Ha sido como un cono resplandeciente de rayas rojas y blancas que puedo ver en el camino. Me ha proporcionado dirección. Si decidía caminar hacia él, o no hacerlo, era mi decisión. Cuando me comprometí a acercarme a él, me alegró ser consciente de que podía confiar en el regalo de tener una dirección clara.

Me dirigí a la universidad de mi localidad para recabar información. El Red Deer College me ofreció un programa de música que me pareció que era perfecto para mí. Yo no tenía mucha experiencia en la música. Había asistido a algunas clases de piano cuando tenía unos diez años. Sorprendentemente, después de tan sólo unos meses recibiendo clases, mi madre y mi profesor de música vieron un patrón.

Recibía lecciones de música todas las semanas. No practicaba, sino que tocaba canciones de oído durante toda la semana. Cuando me presentaba a mis clases de piano, no había progresado nada en la teoría o tocando escalas. Pero era capaz de interpretar canciones de oído. Mi madre y mi profesor decidieron que, dado que no estaba aprendiendo nada en las clases, lo mejor era que dejara de recibirlas. Y, más importante aún, reconocieron que yo disfrutaba con la música. Entonces, ¿por qué no simplemente dejarme que hiciera lo mío en el piano y disfrutara tocándolo? Ésa tal vez fue la decisión más importante que tomaron en mi vida.

Según la información que me proporcionaron en el Red Deer College, iba a tener que pasar por un proceso de dos etapas para ser aceptado en el programa de música. En primer lugar, tenía que preparar dos piezas musicales para tocarlas en una audición en vivo. Eso no suponía ningún problema. Simplemente tocaría y cantaría algunos temas que había aprendido de oído. La segunda parte era teoría musical básica. Yo nunca había aprendido la teoría. Pensé que estaba condenado a fracasar.

Mi audición en el Red Deer College tuvo lugar en una sala pequeña, sin ventanas y difícil de encontrar, ubicada en un sótano imposible de hallar. El aire estaba rancio y mohoso. El piano marrón estaba rayado y raspado por todas partes. Sus teclas estaban tan astilladas y dentadas como la sonrisa de un boxeador. Pero sonaba bien. Estaba recién afinado.

Los caballeros que realizaron la audición me cayeron bien al instante. Ken Mallet y Keith Mann tenían un apretón de manos firme y una sonrisa entusiasta. Mostraban autoridad y seguridad en sí mismos. Sentí respeto por ellos y quise impresionarlos. Toqué dos canciones. Una era una versión de un tema pop (probablemente «Hello» de Lionel Richie) y la otra era una melodía que me había inventado como una broma.

La audición fue muy bien. Tanto Keith como Ken conservaron una sonrisa en el rostro durante la audición. Me aceptaron de inmediato en el programa de música… con una condición. Debía pasar un examen de teoría básica. Sellamos el trato con un apretón de manos. Fue como si hubiera aparecido otro cono de tráfico delante de mí. Sabía cuál era el siguiente paso que debía dar: pasar el examen de teoría.

La suerte quiso que en uno de los equipos de inspección hubiera una mujer que estaba estudiando en la escuela de música del Red Deer College. Era una guitarrista de nombre Nancy Laberge. Le pregunté a Nancy si tendría la amabilidad de ayudarme a aprender teoría básica para poder formar parte del programa musical. Por suerte, Nancy estuvo encantada de ayudarme. En las siguientes semanas, me enseñó lo que significaban las líneas y los espacios en una partitura. Me mostró lo que eran los círculos, los puntos y las colas. Aprendí lo que eran los compases y los valores de las notas. Nancy fue determinante para que aprobara el examen teórico. Cuando llegó el momento del examen, obtuve la nota justa para ser aceptado en el RDC. Mi corazón se llenó de emoción por aquello en lo que mi vida estaba a punto de convertirse. Creía que la música era mi vocación.

La música: la carrera irracional

Cuando les dije a mis padres que iba a asistir a una escuela de música, sorprendentemente me apoyaron y apoyaron mi decisión. Vieron que estaba radiante de alegría cuando golpeaba las teclas blancas y negras y cantaba canciones en el viejo piano que se encontraba en la planta baja. Estaban de acuerdo al cien por cien en que la música fuera mi camino después de la educación secundaria. Pero había algo que les preocupaba.

Un día, mi dulce padre encontró el tiempo suficiente para ofrecerme algunos consejos con afecto. Una mañana, cuando estábamos sentados en la mesa de la cocina tomando café, me dijo: «Tim, la música es un gran *hobby*, pero quizás deberías aprender soldadura o alguna otra cosa por si acaso». Hasta ahí llegó su sabio consejo. Hizo su sugerencia y luego aceptó que ocurriría lo que tuviera que ocurrir. Nunca olvidaré su amoroso gesto de mostrar preocupación por mi futuro. Entendí que le preocupaba mi estabilidad económica y mi bienestar. Estaba haciendo lo que se esperaba que debían hacer los padres en aquella época: dar consejos prácticos. Jamás lo culparía por eso. Además, él confiaba en que mi vida significaría más que la seguridad económica.

¿Acaso una carrera en la música es un camino racional? No lo es. Es un camino hacia la realización.

La mayoría de la gente piensa que una carrera en el ámbito musical es algo irracional. Lo primero que piensan es: «¿Cómo vas a ganarte la vida?». Lo que en realidad se preguntan es: «¿Cómo vas a pagar el alquiler, alimentarte, avanzar en la vida, prosperar, ser exitoso, tener hijos, pagar impuestos, etc.?». ¿Acaso una carrera en la música es un camino racional? No lo es. Es un camino hacia la realización.

Elegir un camino racional es la forma en que la mayor parte del mundo industrializado enfoca la vida y la carrera. Es racional ir a la escuela y sacar buenas notas. De primer grado pasas a segundo grado. El undécimo grado conduce al duodécimo grado. Después del instituto, sientes que te comes el mundo. Puedes hacer cualquier cosa con la que sueñes. A los dieciocho años es «racional» saber lo que quieres hacer durante el resto de tu vida. Si eres racional respecto a los estudios y sacas buenas notas, puedes ir a cualquier escuela o universidad a la que desees ir. Puedes aprender cualquier cosa que quieras hacer. Simplemente debes inscribirte en la institución que ofrezca las clases que necesitas y ser «aceptado». Una vez que eres «aceptado», sólo tienes que pagar la matrícula necesaria para poder asistir a las clases. Al final, obtendrás un diploma o un título. Cuando hayas completado todos los cursos, te darán tu título y entonces empezarás a ganar dinero.

Es racional creer que, en algún momento entre los dieciocho y los veinticinco años, tendrás toda tu vida resuelta. Tendrás un camino que te proporcionará un techo bajo el que vivir y comida para llenar tu estómago, y te asegurará el éxito económico a largo plazo. El resto de tu vida estará centrado en tener éxito profesional y en tus metas económicas. Luego, un día te jubilarás. Finalmente podrás hacer lo que quieras con tu tiempo y tu dinero.

¿Es racional creer que tu propósito en la vida será evidente para ti cuando te gradúes de la secundaria? ¿Es racional creer que las buenas notas te asegurarán que serás un buen empleado y ascenderás por la escalera del éxito, igual que ocurría en escuela? ¿Es racional creer que debes pasar tu vida adulta, entre los dieciocho y los sesenta y cinco años, produciendo dinero y títulos imponentes en una tarjeta de presentación? ¿Dónde encaja ahí el propósito de la vida?

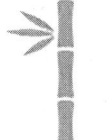 ¿Dónde encaja ahí el propósito de la vida?

Una carrera en el mundo musical está lejos de ser racional.

Yo elegí un camino irracional en la vida. Mi plan era sumergirme en el mundo de la música, aprender las lecciones a medida que se fueran presentando y utilizar mis habilidades y mis dones para ir progresando poco a poco. A medida que mis conocimientos musicales fueron aumentando, empecé a ver el gran número de caminos profesionales que la música te puede ofrecer.

En la universidad, comencé a frecuentar a un grupo de jóvenes divertidos y talentosos. Decidimos crear una banda de versiones de cuatro integrantes llamada The Mile High Club. En esa época era fácil conseguir un concierto en la universidad porque conocíamos a las personas que tomaban las decisiones en el sindicato de estudiantes. La banda tocaba con regularidad en el salón de actos de la universidad y en eventos especiales cuando venían cabezas de cartel. The Mile High Club ganaba dinero. En términos de la década de 1980, podíamos ganar fácilmente unos doscientos dólares por noche. Valía la pena ensayar música nueva para tocarla para nuestros amigos en la universidad. Crear un grupo musical era algo racional.

Cuando terminé la carrera en el Red Deer College, empecé a trabajar en la rama local de HMV Records. HMV era la tienda de discos de moda en la ciudad. Los empleados actuaban como creadores de tendencias para los aficionados a la música. Mi especialidad era el nuevo éxito musical. Aunque la mayor parte del tiempo en que estaba en la tienda lo pasaba haciendo inventario para reponer existencias, los beneficios y el prestigio de trabajar en HMV hacían que valiera la pena. Pasaba los días con gente genial y vendía música a cualquiera que quisiera comprarla. Trabajar en HMV era algo racional. Además, todavía tocaba con The Mile High Club. Estaba disfrutando de mi carrera en el mundo de la música con dos fuentes de ingresos. Cada día era gratificante y emocionante. Me encantaba lo que hacía y, además, se me daba bien.

Aproximadamente un año y medio más tarde, me mudé a Edmonton, Alberta, y empecé a buscar con ilusión los nuevos pasos a dar en mi carrera musical. Seguía trabajando en HMV, pero ahora estaba en una tienda más grande. El ritmo era más acelerado y ahí se movía el doble de volumen. Un día me enteré de que uno de los principales sellos discográficos estaba contratando a un nuevo representante para la región de Edmonton. Ése era el siguiente paso lógico en mi carrera. Un salario fijo, una cuenta de gastos contables y la oportunidad de vender música a TODAS las tiendas de discos me parecía racional y, además, divertido. Me presenté para el puesto.

El gerente de la sucursal de MCA era un hombre que se llamaba Terry McArthur. Redacté mi breve currículum y añadí una carta de presentación escrita a mano en la que reflexionaba acerca de quién creía que era en ese momento. Escribí: «Estoy muy poco cualificado para este trabajo, pero me presento de todos modos. Si están buscando a alguien que quiera aprender, que tenga una sonrisa radiante y una gran personalidad, invítenme a una entrevista». Mi carta de presentación era presumida pero cautivadora; era un intento desesperado de utilizar el encanto para entrar en la empresa.

Terry nunca había oído hablar de mí. Cuando se dirigía de Calgary a Edmonton para realizar entrevistas de trabajo, ya tenía una lista de candidatos. Hizo el viaje de tres horas en coche como copiloto para poder revisar algunas notas y contactar con las personas a las que quería entrevistar. Para entretenerse, y en el último minuto, decidió echar un vistazo a mi solicitud. Mi irreverente carta de presentación cumplió su propósito: le llamó la atención. Terry se sintió intrigado. En una decisión de último minuto, tomó su móvil, me llamó al teléfono fijo de mi casa y me pidió que me presentara para una entrevista.

Al día siguiente, llegué a la suite del hotel de Terry por la tarde. Nos dimos la mano en la puerta y me invitó a que me sentara en la pequeña mesa de reuniones que había en el área común. Terry fue directo acerca del hecho de que no había tenido ninguna intención de entrevistarme. Charlamos sobre música y la escena de Edmonton. Me hizo algunas preguntas sobre temas de negocios. Durante toda la entrevista estuve improvisando. Cuando acabó, Terry me preguntó: «¿Dónde te ves en cinco años?». «Tendré su empleo», le dije. Nos reímos a carcajadas.

La entrevista fue bien. De hecho, fue una entrevista divertida. Le di la mano a Terry una última vez antes de marcharme y le di las gracias por haber aprovechado la oportunidad de entrevistarme. Me sentí feliz de haber llegado tan lejos.

Una hora más tarde, mi teléfono fijo volvió a sonar. Al responder, descubrí que era Terry quien me llamaba. Quería saber si me gustaría tomar una cerveza con él. Y me ofreció el empleo.

 Estaba haciendo lo que amaba y lo que se me daba bien. Concentrarme en esos dos aspectos inspiradores de mi vida hacía que cada día fuera más gratificante...

A los veinticuatro años tenía un empleo con una cuenta de gastos, un subsidio para un automóvil y un suministro infinito de toda la música que pudiera desear. Tenía entradas para conciertos, camisetas, pósteres y acceso a las más grandes estrellas de la música de ese momento. Había conseguido el trabajo soñado. Y además de todo eso, estaba cantando con una banda de jazz de ocho integrantes llamada The

Jump Orchestra. Mi irracional carrera en el mundo de la música estaba empezando a tornarse más racional.

Empecé a notar que se había iniciado una tendencia: estaba haciendo lo que amaba y lo que se me daba bien. Concentrarme en esos dos aspectos inspiradores de mi vida hacía que cada día fuera más gratificante que los días que había pasado en el equipo de inspección. Cada vez que estaba preparado para algo nuevo, lo único que tenía que hacer era encontrar algo que me encantara hacer y que se me diera bien. La música fue mi cono de tráfico rojo y blanco. Me indicó que siguiera en una dirección significativa. Me concentré en eso. Sentía que cada nueva experiencia en la música valía la pena.

 Si experimentas la vida como un tropiezo serpenteante y ebrio que va hacia adelante, hacia la izquierda, hacia la derecha y luego hacia atrás, mantente alerta y atento a las señales en tu vida.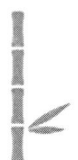

Si experimentas la vida como un tropiezo serpenteante y ebrio que va hacia adelante, hacia la izquierda, hacia la derecha y luego hacia atrás, mantente alerta y atento a las señales en tu vida. Te guiarán.

Es más fácil ver las señales si sabes estas dos cosas: qué es lo que amas hacer y qué es lo que se te da bien. Tus respuestas son los primeros pasos que tendrás que dar para encontrar tu *ikigai*.

Todo el mundo tiene dones

 La sociedad nos dice que es mejor reparar nuestras debilidades que concentrarnos en nuestras fortalezas. La sociedad se equivoca.

Todo el mundo tiene unos dones especiales. Los tuyos son los actos que te resultan más fáciles de hacer. Para algunas personas, podrían ser las matemáticas y resolver problemas. Para otras, podrían ser las artes y las manualidades. ¿Se te dan bien los deportes pero no la cocina? Concéntrate en los deportes. Cocinar probablemente no sea lo tuyo.

Tus dones son talentos innatos, individuales, pero al mismo tiempo explorarlos podría parecer irracional. Después de todo, si algo te resulta fácil de hacer, ¿por qué habrías de elegir hacerlo todo el tiempo? La sociedad nos dice que es mejor reparar nuestras debilidades que concentrarnos en nuestras fortalezas. La sociedad se equivoca.

 Cuando te concentras en tratar de reparar tus debilidades, tu desarrollo es lento, carente de inspiración y moderadamente gradual.

Según los estudios realizados por Gallup a lo largo de su servicio en Clifton Strenghts, tus fortalezas pueden ampliarse. Cuando pones energía en el desarrollo de tus fortalezas, tu desarrollo es exponencial. Cuando te concentras en tratar de reparar tus debilidades, tu desarrollo es lento, carente de inspiración y moderadamente gradual. En otras palabras, cuando trabajas en tus fortalezas, tu desempeño está lleno de entusiasmo, energía y éxito.

El *Clifton* en Clifton Strenghts es Don Clifton. Cuando Don era joven, luchó en la Segunda Guerra Mundial como piloto y recibió la Cruz del Vuelo Distinguido por su heroísmo frente al enemigo. Además de ser un héroe valiente, Don tenía un gran corazón. Después de la guerra, se concentró en la psicología inexplorada de «lo que está bien en la gente». Hasta entonces, la psicología se había centrado sobre todo en lidiar con los problemas psicológicos o en lo que no estaba bien en las personas. Don vio el potencial para que la psicología fuera una ciencia más positiva que pudiera aplicarse al público en general.

Don empezó a estudiar lo que hacía la gente para tener éxito en la vida. Su objetivo era saber si las personas exitosas tenían similitudes en su enfoque de la vida. Don y sus colegas desarrollaron unos estudios rigurosos para entrevistar a las personas y estudiar la nueva ciencia del éxito. Con el tiempo, Don vio que empezaban a aparecer ciertos patrones, de modo que los separó por temas y se refirió a ellos como fortalezas. Don descubrió que las personas tienen treinta y cuatro fortalezas en total. Cada persona tiene un orden específico en sus fortalezas. Tus principales fortalezas son aquellas con las que tendrás el mejor desempeño.

En la actualidad, Don Clifton es conocido como un pionero en ayudar a las personas a ver lo mejor en sí mismas. Sus fortalezas nos ayudaron a ver las nuestras. El beneficio de su innovadora investigación es que, cuando se aplica, las personas tienen la capacidad de despertar cada mañana y vivir la vida centradas en sus fortalezas. Imagina hacer aquello que se te da bien todos los días.

Cuando se trata de tener un desempeño excelente, Clifton Strengths se encuentra en una categoría propia. El libro *Strengths Finder 2.0* de Clifton Strenths es uno de los mayores éxitos de venta de libros de no ficción de la historia. Ha ayudado a más de diecinueve millones de personas a encontrar sus fortalezas y concentrarse en ellas. Ha permitido que millones de personas puedan descubrir una parte del mapa del *ikigai*: haz aquello que se te da bien.

Capítulo tres

Slomo ya no es un desgraciado

Aunque es verdad que tus fortalezas pueden hacer que tengas más éxito, ¿dónde entra tu felicidad en la vida en esa ecuación? Una de las directrices del *ikigai* es hacer aquello que se te dé bien (tus fortalezas), pero la felicidad proviene de otra de las cuatro directrices del *ikigai*: hacer aquello que amas.

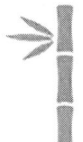 Aunque es cierto que tus fortalezas pueden hacer que tengas más éxito, ¿dónde entra tu felicidad en la vida en esa ecuación?

¿Cuánto tiempo pasas cada día enfocado en tu felicidad? ¿Qué porcentaje de las veinticuatro horas te concentras en hacer lo que amas? En tu infancia, el cien por cien de tu día estaba dedicado a hacer lo que amabas. Cuando llegaste a la edad adulta, tu prioridad de experimentar un día lleno de alegría se esfumó. Ser adulto significa que es más importante centrarte en las finanzas. ¿Pero acaso ser adulto implica que tengas que convertirte en un desgraciado?

Cuando John Kitchin tenía cincuenta y cinco años, creía que era un *desgraciado*. Era un médico exitoso, muy bien pagado, que vivía en una mansión y tenía coches deportivos caros. Incluso coleccionaba animales exóticos como *hobby*. Creía que había llegado a la cumbre del éxito, pero entonces empezó a quedarse ciego.

Empezó a notar que su visión estaba borrosa en el centro. El problema era tan serio que cuando miraba documentos médicos o radiografías no era capaz de leerlos. Los rostros que conocía durante tantos años se tornaron también borrosos. Podía mirar a un colega a los ojos y no reconocerlo a menos que oyera su voz. John sabía que había llegado el momento de tomar una decisión sobre el resto de su vida, de modo que decidió dejar de ser un desgraciado.

¿Qué fue lo que hizo que John decidiera dejar de ser un desgraciado? Fue una conversación breve y benévola que tuvo un día en el hospital. Recordó una charla divertida que había tenido con un anciano en una ocasión en una cafetería. John estaba esperando su turno con paciencia detrás del anciano mientras éste se iba sirviendo cada vez más comida en el plato. John le sonrió y le preguntó cuántos años tenía.

—Noventa y tres –respondió el hombre.

John profundizó un poco más en la conversación.

 Un camino era el suicidio. El otro seguir el consejo del anciano: «¡Haz lo que quieras!».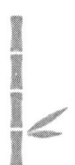

—¿Cómo puede un hombre joven y apuesto como yo llegar a ser un viejo cascarrabias como usted? –bromeó.

La respuesta del anciano se quedó grabada en la mente de John como un cono de trafico con rayas rojas y blancas en una bifurcación en una carretera.

—¡Haz lo que quieras! –exclamó.

Mientras John se encontraba en la repentina bifurcación del camino que tenía delante de él, se vio tomando uno de dos caminos. Un camino era el suicidio. El otro era seguir el consejo del anciano: «¡Haz lo que quieras!». John escogió hacer lo que quería hacer. Entre todas las cosas que podía elegir, se decantó por el patinaje.

A pesar del éxito económico que había tenido a lo largo de su carrera como médico, no era *realmente* feliz. Pasaba los días concentrándose únicamente en el éxito económico y no dedicaba tiempo a concentrarse en su felicidad espiritual. Se dio cuenta de que, en su infancia, la dicha espiritual había sido lo único en lo que se había concentrado. Quería volver a ser como un niño.

John se puso un par de patines y empezó a deslizarse con cuidado por las aceras a lo largo de las playas de San Diego. Era pura felicidad. Se sentía feliz como un niño otra vez. Había algo acerca del impulso de un pie y el deslizamiento del otro que hacía que entrara en una perpetua sensación meditativa de éxtasis. Era como si patinara a cámara lenta. La sonrisa en su rostro tenía cierto asombro. Patinaba día y noche.

Con el transcurso de los años, la presencia de John no pasó desapercibida. A lo largo de la playa, los lugareños comenzaron a reconocer al hombre que patinaba con una expresión constante de sorpresa en su rostro. Empezaron a llamarlo John Kitchin Slomo. ¿Quién es ese hombre? ¿Cuál es su historia? ¿Por qué hace lo que hace? La gente lo apreciaba.

La nueva vida de John como Slomo le permite vivir según sus propias reglas de vida. Su descripción médica de su estado actual es que él cree en su propia fantasía personal y la vive. Vive su vida como lo hace porque elige hacerlo. Y lo mejor de todo es que eso funciona para él y solo para él.

 Si pudieras hacer lo que quisieras, ¿qué harías?

Cuando los lugareños ven a Slomo pasar patinando lo animan. Le gritan «¡Eh, Slomo!». Le aplauden. Slomo no puede ver sus rostros, pero eso no importa. Ya no es un desgraciado. Escapó. La gente lo anima porque hace lo que quiere. El *ikigai* de Slomo es *sentir alegría*. Eso es lo que se le da bien. Es lo que ama hacer. Es lo que le impulsa a salir al mundo. Y es lo que recibe a cambio.

Si pudieras hacer lo que quisieras, ¿qué harías? No hay ningún límite ni ninguna regla. Conozco a un hombre que es un experto en whisky escocés. Otro encuentra alegría todos los días en los cuchillos japoneses hechos a mano. También conozco a una «mujer loba». El Dr. Seuss tenía razón cuando escribió: «Hoy tú eres tú, eso es más cierto que cierto. No hay nadie vivo que sea más tú que tú». ¿Pero quién eres tú?

No eres tu empleo. Eres tu trabajo

No eres tu empleo. Eres tu trabajo.

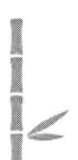

El trabajo es algo que uno hace a propósito. El resultado es una versión más significativa de ti. Eres tu trabajo.

Según el diccionario, la definición de empleo es: «Puesto de trabajo regular remunerado». Necesitas un empleo para poder pagar tus facturas, tener un techo sobre tu cabeza y llenar tu estómago. Ésa es la realidad del mundo en que vivimos. Vivir y sobrevivir cuesta dinero.

Pero el trabajo es algo muy distinto. La definición de trabajo es: «Actividad que implica un esfuerzo mental o físico para alcanzar un propósito o un resultado». Trabajar es algo que uno hace a propósito. El resultado es una versión más significativa de ti. Eres tu trabajo.

Cuando John Kitchin vivía su vida como un médico exitoso, vivía su vida como su empleo. John se percató de que iba a trabajar todos los días para hacer que su cuenta bancaria creciera. Al principio eso le parecía gratificante, pero a medida que su empleo iba progresando, también lo hacía su compromiso con el todopoderoso dólar. El dinero era su forma de medir su éxito. Pero con el tiempo, John empezó a cuestionar su motivación. Recordaba la época en la que regresaba a casa en uno de sus magníficos coches deportivos y se preguntó: «¿Qué proporción del día me hacía crecer a nivel espiritual y qué proporción me hacía crecer económicamente?».

John estaba haciéndose preguntas profundas e importantes acerca de la forma en que estaba viviendo su vida. Se estaba cuestionando la forma en que la mayoría de la gente vive la vida. La mayoría de nosotros empezamos la vida siendo seres espirituales. Haciendo actividades todos los días por el puro gozo de realizarlas. Luego crecemos y nos educamos más. Empezamos a ver el mundo como una colección de necesidades. Después comienza la vida adulta y somos aspirados por el vórtice de dinero, dinero, dinero. Creemos que nuestros días están destinados únicamente a ganar dinero. Si ganamos más dinero, podemos comprarnos más cosas. Creemos que tener más dinero y más cosas nos hará más felices. Con el tiempo, John se dio cuenta de algo que le hizo cambiar la forma de entender la realidad. En un vídeo de una entrevista sobre su vida, dice que concentrar cada día de tu vida adulta en el progreso económico es «la manera más absurda y estúpida de ir por la vida, pero todos lo estamos haciendo».

Una vez más se preguntó: «¿Qué proporción del día me hace crecer a nivel espiritual y qué proporción me hace crecer económicamente?». Intenta hacerte esta misma pregunta.

Deja que la serendipia sea tu copiloto

Si eres como la mayoría de la gente, vives la vida como solía hacerlo John Kitchin. Eso es lo que estamos condicionados a hacer. ¿Es posible vivir de otra manera? Por supuesto que sí. Mike y Anne Howard han seguido su *ikigai* sin tener un empleo en los últimos ocho años. En su lugar, se concentran en su trabajo. Se concentran en su *ikigai*.

En los días previos a su boda, Mike y Anne soñaban con todos los lugares increíbles a los que podían ir de luna de miel. Empezaron a escribir una lista de los lugares a los que podían ir y las cosas que podían hacer. Y su lista fue haciéndose cada vez más larga.

Mike y Anne pensaron que podrían ir a cualquier lugar al que quisieran ir en sus diez días de luna de miel, ¿pero sería suficiente? ¿Cómo sería la vida después de la luna de miel?

Mientras pensaban en más y más ideas para poner en su lista para la luna de miel, sus mentes comenzaron a cambiar. Anne y Mike empezaron a soñar a lo grande. Una luna de miel sería maravillosa. Una «excursión de miel» (*Honey Trek*) sería una aventura. Entonces se les ocurrió la increíble idea de realizar una excursión de un año de duración para su luna de miel. Cuando ese año llegara a su fin, regresarían a casa y retomarían su vida como el resto de la gente. Pero se llevaron una buena sorpresa. Ya llevan ocho años de *Honey Trek*.

El razonamiento de Mike y Anne para su aventura pone patas arriba el pensamiento convencional. El pensamiento convencional impulsa a las personas a conseguir un empleo, ganar dinero, ahorrar, retirarse y después viajar. En su lugar, los *Honey Trekkers* decidieron viajar pronto y hacer todas las cosas que querían hacer. Eligieron ver su *Honey Trek* como una inversión en su vida. Se sintieron especialmente inspirados por una perla de sabiduría del escritor Randy Komisar, quien escribió: «Y luego está el riesgo más peligroso de todos: el riesgo de pasar toda tu vida sin hacer lo que quieres hacer basándote en la apuesta de que podrás comprar tu libertad para hacerlo más adelante».

Mike y Anne se sentían emocionados y nerviosos ante la idea de comenzar su viaje. El primer lugar al que viajaron fue la selva amazónica. Durante su primera semana allí, contrataron a un guía, se subieron a un pequeño bote de madera y remaron en silencio a través de las densas enredaderas que colgaban por encima del río. El quinto día de su *Honey Trek*, durmieron en lo alto de los árboles bajo un dosel de hojas de palma. Llovió durante toda la noche, pero ellos no se mojaron. Mientras dormían, su guía permaneció despierto para estar atento a los jaguares.

Una vez que Mike y Anne hubieron probado los viajes internacionales, se engancharon a ellos. Vieron con sus propios ojos que, cuando ya se encontraban en medio del viaje, las cosas iban resultando cada vez más fáciles. Aprendieron rápidamente que lo más importante de los viajes no son los lugares que ves, sino las personas a las que conoces y las experiencias que tienes con ellas.

 Cuando dan bondad, reciben bondad a cambio. Ésa es la belleza del *ikigai*; es un ciclo.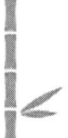

Les pregunté a Mike y Ann Howard cuál creían que era su *ikigai*. Su respuesta fue encantadora: ellos creen que su *ikigai* es compartir su bondad con extraños. A lo largo de los años que llevan viajando, los *Honey Trekkers* han desarrollado una comprensión profunda de sí mismos y de los demás. Han abierto sus corazones para ofrecer el lenguaje internacional de la bondad a todas las personas con las que interactúan. Su bondad les permite crear una confianza instantánea entre ellos y las personas que van conociendo. A menudo los invitan a unirse a las experiencias en las que están participando sus amigos. Cuando dan bondad, reciben bondad a cambio. Ésa es la belleza del *ikigai*; es un ciclo.

En su vieja pero confiable autocaravana Toyota hay una placa en la que pone: «Deja que la serendipia sea tu copiloto». Ellos dejan que el viento decida hacia dónde irán a continuación. Y… no, no tienen planes de dar por concluido su *Honey Trek* por ahora. Búscalos y sigue sus aventuras en Instagram en @HoneyTrek.

¡Haz lo que quieras hacer!

 Si examinamos sus vidas a través de la lente de los estándares occidentales, probablemente serían considerados dementes por la forma en que tomaron decisiones. Después de todo, Gandhi era un abogado que eligió vivir una vida sencilla…

¿Por qué la gente se siente tan inspirada por esas personas especiales que hacen lo que quieren en la vida? Pienso en Gandhi, la Madre Teresa, Slomo y «el hombre más feliz del mundo», Matthieu Ricard. Si examinamos sus vidas a través de la lente de los estándares occidentales, probablemente serían considerados dementes por la forma en que tomaron decisiones. Después de todo, Gandhi era un abogado que eligió vivir una vida sencilla y llevar a cabo una manifestación no violenta para ayudar a millones de personas a conseguir sus derechos civiles. Luego está la historia de la Madre Teresa, quien decidió vivir una vida de pobreza para poder cuidar de los enfermos y los pobres. Slomo / John Kitchin es un médico que dejó de practicar la medicina para poder patinar todos los días y sentir la alegría de la aceleración perpetua. Matthieu Ricard es un renombrado científico molecular que eligió convertirse en un monje budista y desarrollar la infinita capacidad de vivir en un estado de felicidad. Según todos los estándares occidentales, todas estas personas serían consideradas completamente locas, pero en su lugar, nos sentimos inspirados por ellas. ¿Qué es lo que tienen que hace que dejen de pertenecer a la larga lista de soñadores poco convincentes y entren en la breve lista de los héroes inspiradores?

Ésta es la respuesta: cada uno de ellos tiene sus propias fantasías personales.

Tú eliges los tambores con los que marcharás a la batalla cotidiana. Elige aquellos que resuenen con tu alma.

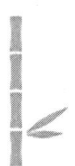

Las fantasías no siempre son creencias irracionales dañinas que tienen las personas con enfermedades mentales. También pueden ser una serie de creencias altamente especializadas según las cuales decides vivir. El cerebro utiliza sus propias reglas para ayudarte a maniobrar a través de cada día. Tú eliges los tambores con los que marcharás a la batalla cotidiana. Elige aquellos que resuenen con tu alma. Las personas que nos inspiran son las que han encontrado sus propios tambores para marchar. Tú también solías tener unos tambores únicos con los que sólo tú marchabas. Eran los diminutos tambores de tu infancia. Eran pequeños pero poderosos, y sonaban con fuerza.

En tu infancia, la hora del juego era lo único que tenías en la mente. Tu trabajo consistía en usar tu imaginación para construir fuertes y perseguir a tus amigos por el barrio. En la infancia cualquier cosa era posible. La hora del juego dominaba tus días y el mundo de los adultos era algo lejano y ajeno.

A medida que fuiste creciendo, empezaste a descubrir el mundo racional. Justo en la época en la que aprendiste que 2 + 2 = 4, la realidad de la adultez inminente empezó a filtrarse en tu inocente cerebro. A partir de ese momento hubo reglas. Aprende a leer. Aprende matemáticas. Aprende a escribir. Esas tres acciones te propulsarían hacia una larga y exitosa vida de estabilidad y riqueza. ¿Y qué hay de la felicidad?

Para la mayoría de los adultos, la mayor parte de su vida cotidiana gira en torno al éxito económico. Hemos crecido y nos hemos vuelto cínicos. Nos hemos graduado del instituto. Nos hemos creído la idea de que la educación institucionalizada conduce a la estabilidad y la previsibilidad. Los pensamientos y las acciones relacionados con el dinero superan a los pensamientos sobre la felicidad en una proporción de mil a uno. Tener la libertad de hacer lo que quieres ya no es una opción, porque eso no es lo que hacen los demás. Y, sin embargo, cuando te presentan a alguien como Matthieu Ricard, su historia te resulta esperanzadora. Matthieu no tiene posesiones y su futuro económico no es una prioridad. Simplemente cada día se centra en la felicidad.

 Si tienes dos perros llamados Esperanza y Miedo, y sólo alimentas a uno de ellos, ¿cuál se hará más fuerte?

Si te concentras en tus finanzas y Matthiew Ricard se concentra en la felicidad, por último, ¿qué cosechará cada uno de vosotros? Si tienes dos perros llamados Esperanza y Miedo, y solo alimentas a uno de ellos, ¿cuál se hará más fuerte?

¿Por qué la gente se siente tan inspirada por las personas que hacen lo que quieren hacer? Porque hacen lo que quieren hacer. Haz lo que *tú* quieres hacer.

A todo el mundo le llega su turno

Cuando naciste te asignaron un asiento en el viaje más increíble en el universo: tu vida. ¿Vas a centrar tu vida en tu empleo o en tu trabajo? Conozco a un hombre que se arrepintió de haber centrado su vida en su empleo. Ese hombre era mi padre.

 Cuando naciste te asignaron un asiento en el viaje más increíble en el universo: tu vida. ¿Vas a centrar tu vida en tu empleo o en tu trabajo?

Mi padre era el mejor proveedor. Tenía un empleo que detestaba, pero con el cual podía alimentar a su familia y, al mismo tiempo, ahorrar para su jubilación. Tener seguridad económica y ahorrar para la jubilación eran los ideales de la época. Nuestros padres venían de tiempos de escasez.

Habían vivido la Gran Depresión y sabían lo que era no tener dinero o comida en la mesa. Mi padre hizo lo mejor que pudo con la información y las circunstancias que tuvo.

Papá siempre fue generoso y nos dio las cosas que él nunca tuvo de niño. Siempre tuve una buena bicicleta. Teníamos motocicletas. Mis padres nos llevaron a Hawái cuando yo tenía once años. Ningún niño de mi pueblo tenía una motocicleta o hacía viajes a Hawái. Mis compañeros solían decirme: «Tu familia es rica». Supongo que teníamos un buen nivel de vida, pero eso tenía su precio: durante mi infancia, veía muy poco a mi padre. Cuando mi padre se jubiló a los 65 años, no sabía qué hacer con su tiempo libre. Empezó a hacer arreglos en su casa. Construyó una nueva valla y comenzó a jugar al golf. Salía todos los días a tomar un café en los A&W de la zona. De vez en cuando, organizaba un viaje a Las Vegas para poder jugar en las máquinas tragaperras. Hacía nuevos amigos. Ayudaba a las personas cuando lo necesitaban. Tenía mucho tiempo libre.

En una ocasión, estaba contándole a mi padre una de mis numerosas aventuras. Él me escuchaba con atención. Cuando acabé, me miró y me dijo en voz baja:

—Ojalá yo hubiese visto más del mundo.

—¡Nunca es demasiado tarde! –repliqué.

—Es demasiado tarde para mí –bromeó.

En ese momento tenía ochenta y tantos años. Lo ayudé a tratar de obtener un pasaporte para que, si decidía viajar, pudiera hacerlo, pero hubo complicaciones con el trámite y nunca llegó a conseguirlo.

En una habitación estéril de hospital en la que una luz invernal grisácea entraba por la ventana y se mezclaba la luz azulada de los fluorescentes que zumbaban en el techo, tuve otra conversación con mi padre. Fue el 16 de noviembre de 2014. Le pregunté si sabía qué día era y me respondió que sí. Era el aniversario de la muerte de mi madre, que había fallecido veinticuatro años antes.

Papá empezó a jadear, respirando con dificultad. Sus respiraciones eran breves y dificultosas. El polvo y las sustancias químicas de su trabajo en las autopistas, junto con los barracones en los que tenía que dormir en las canteras de grava, le habían provocado una EPOC. Además, solía fumar un paquete de cigarrillos al día, como hacían todos en aquella época. Sus pulmones le estaban fallando. Era como si estuviera absorbiendo pequeñas cantidades de aire por una cañita diminuta. Era duro ver cómo sufría. Le pregunté:

—¿Tienes miedo de lo que te está ocurriendo, papá?

—A todo el mundo le llega su turno, Tim –me respondió en un tono de resignación.

Murió al día siguiente.

Pero para que te llegue tu turno de morir, primero debes tener tu turno de vivir.

Mi padre no era ningún erudito, pero la respuesta que me dio ese día acabó elevándome, como si hubiera salido de la boca del mismo Platón. Papá tenía clara su intención con su respuesta: a todo el mundo le llega su turno de *morir*. Pero para que te llegue tu turno de morir, primero debes tener tu turno de vivir. Ése fue el mensaje que yo elegí ver. ¡Gracias, papá!

Es tu turno de vivir. ¿Qué vas a hacer con él?

No sé cuánto tiempo voy a vivir. Sólo quiero disfrutar plenamente de mi turno. Apuesto a que a ti te ocurre lo mismo.

Es tu turno de vivir. ¿Qué vas a hacer con tu turno? ¿Vas a pasar tus días buscando el bienestar económico o el bienestar espiritual? ¿O vas a ser más como John Kitchin o Slomo?

Hay otro camino. Con el *ikigai* puedes elegir un poco de ambas cosas.

La ciencia del
ikigai

Capítulo cuatro

Una lección inesperada

Era una soñolienta tarde de domingo. Me instalé en el sofá y empecé a echar raíces profundamente. Mi plan era quedarme tumbado en el sofá y dejar que mis ojos se cerraran para dormir una siesta delante del televisor.

Tengo una estrategia para la siesta. El volumen de la televisión debe estar muy bajo. Las persianas de la sala de estar tienen que estar cerradas. La casa debe estar en silencio. Dejo que el perro salga para hacer pis. No hay nada que me pueda interrumpir. Dejo que se inicie la inacción.

La clave de mi plan depende de que encuentre un programa de televisión discreto, interesante pero no demasiado, y poco reconocido. El programa que suelo elegir se llama *How It Is Made*. Ese día, por desgracia, no lo estaban poniendo en la tele.

Hice un recorrido por todos los canales, uno a uno. El programa que encontré para ver ese día me pareció perfecto para quedarme dormido. Era un programa de telerrealidad que nunca había visto. Era una competición de diseño de muebles y construcción. Supuse que ese programa inocuo haría que me quedara dormido rápidamente.

Justo en ese momento, los concursantes estaban terminando sus proyectos. Cada uno de ellos había construido un sofá que encajara con el tema del programa. Uno a uno, los diseñadores fueron presentando sus obras de arte ante los jueces y esperando la evaluación. Empecé a sentir que mis párpados pesaban cada vez más.

El siguiente sofá que apareció en la pantalla era bastante moderno. Parecía uno de esos sofás de piso de soltero de los años sesenta. Tenía un diseño bordado en el respaldo del asiento. Se trataba de cuatro círculos dispuestos en la forma de un diamante. Cada uno de ellos se superponía con los demás en una confluencia en el centro. Era un diseño moderno. Los jueces le preguntaron al diseñador qué era eso. «Es el símbolo del Ikigai –dijo–. El *ikigai* es una forma japonesa de vivir una vida con sentido».

Eso captó mi atención. Agarré mi iPhone y busqué «Iquigay» en Internet. ¡No tenía ni idea de cómo se escribía! Continué buscando hasta que encontré *ikigai*. Leí un poco sobre el tema. Entonces mis ojos se abrieron como platos. ¡Ostras! El *ikigai* no sólo era un concepto japonés, sino que además provenía de Okinawa. Mis abuelos eran de Okinawa. ¿Era una coincidencia que estuviera tan comprometido con hacer lo que se me da bien y lo que amo hacer en la vida, o forma parte de mi ADN?

A partir de ese momento, el *ikigai* permaneció en mi cerebro como una pelota de ping-pong que flota continuamente en el agitado mar de mis pensamientos. Nada podía hacer que se hundiera.

Me pregunté cuál sería mi *ikigai*. Pensaba que mi propósito en la vida era la música, pero me estaba empezando a cansar de ella. No podía imaginarme dedicando toda mi vida al jazz, a cantar y a canturrear en las fiestas. Tenía que haber algo más.

Entonces empecé a buscar pistas, lecciones y maestros. Los primeros maestros que busqué fueron los del jazz. Después examiné lo que hacía en la vida y separé todo en diferentes categorías y temas. Me pregunté qué era lo que se me daba bien y lo que amaba hacer.

El *ikigai* es un superpoder

 Cuando descubres cuál es tu *ikigai* es como si obtuvieras un superpoder. Es como si consiguieras un GPS para tu vida.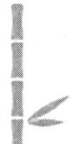

Cuando descubres cuál es tu *ikigai* es como si obtuvieras un superpoder. Es como si consiguieras un GPS para tu vida. Tomas conciencia de dónde estás en la vida y dónde tienes el potencial de ir. Es increíble lo claros que se tornan tu presente y tu futuro. Un propósito claro es una característica de la que han disfrutado los genios a lo largo de la historia.

En 1944, un joven trompetista llamado Miles Davis sintió que había llegado el momento de hacer un viaje a su ciudad natal y tener una conversación seria con su padre. En lo más profundo de su ser, él sabía que tenía una nueva misión muy clara en la vida. Para poder seguirla, su vida tenía que cambiar. Tenía que comunicarle a su padre lo que estaba pensando.

 Un propósito claro es una característica de la que han disfrutado los genios a lo largo de la historia.

Miles había estado viviendo en Nueva York y asistiendo al conservatorio Juilliard. Día tras día, aprendía música clásica. Durante las noches tocaba la trompeta en clubes de jazz en Manhattan con los más grandes músicos del bebop. Miles quería hablar con su padre acerca de la realidad de su deseo de dejar de estudiar.

Abordó un tren que iba de Nueva York a St. Louis, donde vivían sus padres. El padre de Miles era un exitoso cirujano bucal en St. Louis y había estado pagando los estudios de Miles en Juilliard.

Cuando el tren llegó a la estación cerca del consultorio dental de su padre, Miles fue directamente a verle para tener una charla. Se sentó en el consultorio y le dijo que en Juilliard le estaban impartiendo clases sobre música escrita por hombres blancos que ya habían fallecido. Por otro lado, el jazz era algo nuevo y emocionante, y él quería centrarse en el jazz.

Su padre se tomó bien la noticia. Sabía que Miles era un trompetista con talento. Le dio su bendición de inmediato, pero con una sabia condición. Le dijo: «No puedes tocar como cualquier otro trompetista». Ese consejo se quedó incrustado en el cerebro de Miles como una jabalina que cae del cielo y penetra en la tierra. Su padre incluso le comentó que le pagaría el alquiler y le daría dinero para la comida hasta que pudiera ganarse la vida por sí solo. Él vio que Miles tenía algo especial.

Miles regresó a Nueva York con su nueva misión en mente y empezó a experimentar con el jazz. En aquella época, el bebop era el estilo musical que estaba de moda. El bebop había emocionado a Miles cuando se mudó a Nueva York. Músicos como Charlie Parker y Dizzy Gillespie fueron los padres de este estilo musical. Eran los músicos más famosos de la ciudad. «¿Por qué querría yo tocar y sonar como Bird y Diz?», pensó Miles.

En lugar de tocar la cacofonía frenética y trepidante del bebop, Miles se concentró en tocar menos notas. Su padre le pidió que no se pareciera a cualquier otro trompetista, de modo que Miles decidió tocar su trompeta de una forma calmada.

Miles era del todo capaz de tocar el bebop con cualquier músico en cualquier parte. Así era como pagaba sus facturas. Pero como compositor buscaba algo más *cool*. Con el tiempo fue dando forma a su sonido y creó el álbum *Birth of the Cool*.

Miles Davis transformó el sonido de su trompeta en más de una ocasión y es considerado el gran camaleón del jazz. Posiblemente su *ikigai* fuera *innovar con la trompeta*.

> Piensa en las personas que tienes en tu vida. Lo más probable es que conozcas a algunas que irradian algo especial y único.

Mi teoría es que la sabiduría y la suerte cayeron en el regazo de Miles Davis el día que fue a hablar con su padre. Cuando su padre le dijo que no se pareciera a cualquier otro trompetista, dio la casualidad de que Miles había nacido para hacer precisamente eso. Era su *ikigai*.

Piensa en las personas que tienes en tu vida. Lo más probable es que conozcas a algunas que irradian algo especial y único. Diles lo que ves de especial en ellas. Es posible que tu amigo o amiga ya lo sospeche. En el *ikigai* confirmamos las sospechas que tenemos sobre nuestras vidas. Tú puedes ayudar a tus amigos y a tu familia a descubrir su *ikigai* siendo sincero acerca de lo que ves en ellos. Funcionó en el caso de Miles Davis.

> Tú puedes ayudar a tus amigos y a tu familia a descubrir su *ikigai* siendo sincero acerca de lo que ves en ellos. Funcionó en el caso de Miles Davis.

La mayoría de la gente no disfrutará del lujo de que sus amigos y familiares la ayuden a descubrir su *ikigai*. El *ikigai* es un viaje de autodescubrimiento que requiere que prestes atención, sigas las pistas y vayas aprendiendo sobre la marcha. Cuando seas plenamente consciente de tu *ikigai*, ése será el mayor conocimiento que habrás adquirido en tu vida. Será tu superpoder. Utilízalo como Thor, no como Loki.

Prepárate para tu *ikigai*

¿Cuándo es el momento de cambiar tu forma de vivir? Las creencias tradicionales podrían decir que tienes que tocar fondo antes de realizar cualquier cambio importante. El cambio, en ese escenario, podía ser inevitable, pero no creo que sea divertido.

Lo que es divertido es cuando realizas un cambio porque te sientes bien conociéndote a ti mismo. Es emocionante poner energía en las cosas que se te dan bien. Cuando haces aquello que se te da bien y que amas hacer, tienes la sensación de una victoria rápida.

Para prepararte para tu *ikigai, tu tarea consiste en elegir el cambio.* O decides hacer lo que quieres hacer, o te quedas exactamente donde estás.

 O decides hacer lo que quieres hacer, o te quedas exactamente donde estás.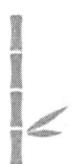

Presta atención a las cosas que atraen tu interés. Si algo surge de la nada que hace que te incorpores y prestes atención, aprende más sobre ello. Cuando te preparas para tu *ikigai*, te preparas para una poderosa transformación personal. Prepárate para divertirte mucho, porque estás a punto de aprender muchas cosas sobre ti. Estás en tu tema favorito de aprendizaje y estás a punto de ser la mejor versión de ti.

Durante la preparación para descubrir tu *ikigai*, considera estas tres importantes realidades:

Tú no eres tu empleo. Tú eres tu trabajo.

«Tómate en serio tu placer», Charles Eames, diseñador, arquitecto y cineasta estadounidense.

Sigue las pistas. Cuando encuentres cosas que disfrutes haciendo, entonces hazlas. Eso te llevará a más cosas.

Capítulo cinco

El *ikigai* se clarifica con la psicología positiva

En 1886, Sigmund Freud se encontraba en una encrucijada. Quería un cambio de dirección en su carrera profesional. Estaba trabajando en un hospital, estudiando los efectos de la cocaína en los cuidados paliativos. Era un trabajo interesante, pero Freud sentía que debía haber más cosas que aprender sobre la condición humana.

Freud dejó su empleo en el hospital y abrió un consultorio privado en su casa. Centró su práctica en estudiar y tratar los «trastornos nerviosos». Ése fue un momento crucial, tanto en la vida de Freud como en el estudio de la mente humana. Fue un pionero en la ciencia del tratamiento de los trastornos mentales. En esa primera ola de la psicología, el objetivo era comprender las enfermedades mentales y tratar a los enfermos. El modelo de enfermedad de la psicología se convirtió en el foco principal de la medicina psiquiátrica durante décadas, pero las enfermedades mentales sólo son una parte de la condición humana.

La psicología desarrolló la reputación de ser la ciencia que «repara» las anormalidades mentales de las personas, destinada sólo a aquellos individuos enfermos. No era un tipo de medicina que pudiera ayudar a la persona promedio. ¿Cómo te sentirías si tu pareja o un amigo o amiga se diera cuenta de que estás teniendo problemas de estrés y ansiedad y te pidiera que fueras a ver a un psicólogo? Quizás te ofenderías ante esa sugerencia y pensarías: «No necesito arreglar nada en mí».

Aunque es cierto que la psicología ofrece formas de ayudar a las personas a lidiar con las enfermedades mentales...

Aunque es cierto que la psicología ofrece formas de ayudar a las personas a lidiar con las enfermedades mentales, una nueva idea ha empezado a emerger recientemente: *el bienestar mental*. Esta nueva área de la psicología ofrece oportunidades para que todas las personas utilicen la investigación y la ciencia para aumentar su salud mental. La psicología positiva es descrita por el escritor Christopher Peterson como «el estudio científico de lo que hace que valga la pena vivir».

El psicólogo Abraham Maslow acuñó el término «psicología positiva» en 1954 como una forma de explicar y explorar las virtudes y aspiraciones humanas. Maslow estudió la forma de mejorar las vidas de las personas y centró su trabajo en lo que él describe como el floreciente potencial humano y el optimismo. Aunque la psicología positiva no es una ciencia perfecta, ha revelado información valiosa sobre las formas en que las personas pueden desarrollarse y trabajar en acciones que mejoran su bienestar general.

El *ikigai* se encuentra claramente dentro del ámbito de la psicología positiva.

En mi opinión, el *ikigai* se encuentra claramente dentro del ámbito de la psicología positiva. Este concepto ancestral que identificaba la idea de que la vida de cada persona tiene valor ahora está encontrando impulso a través de la ciencia. Martin Seligman y otros investigadores entienden que la gente como tú y yo desea explorar maneras de maximizar el valor de su vida.

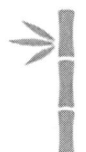

Estudiar e implementar el *ikigai* y la psicología positiva hacen que te sientas más optimista acerca de la vida.

La psicología positiva y el *ikigai* son formas de ayudarte a ser más. Estudiar e implementar el *ikigai* y la psicología positiva hacen que te sientas más optimista acerca de la vida. Sientes que estás logrando algo especial. Eres especial, así que ¿por qué no esforzarte para descubrir cuán especial eres?

La ciencia del bienestar

La mayoría de las personas que suben al escenario en el Wolsey Hall de la Universidad de Yale llegan en autocares seguidos de semirremolques que transportan equipos de música y de sonido. Woolsey Hall es el recinto más grande en Yale, de modo que se emplea para eventos a gran escala. Es una sala de conciertos y un auditorio que cuenta con más de mil butacas. Pero dos veces por semana, el Woolsey Hall se convierte en un aula.

La Dra. Laurie Santos llega a Woolsey Hall unos treinta minutos antes de su clase. Tiene una tarea técnica que cumplir antes de saludar a sus alumnos. Se le proporciona un micrófono inalámbrico que se sujeta al borde de su fular y el receptor cuadrado se fija en su cinturón o en la parte posterior de su camisa. La Dra. Santos dice rápidamente: «Probando, probando», para asegurarse de que el micrófono funciona correctamente. Si es así, puede comenzar.

Cuando el director de escena le da el visto bueno, entonces la Dra. Santos puede subir al escenario. Laurie Santos imparte clases a 1200 estudiantes a la vez.

Su curso se denomina La ciencia del bienestar, pero los alumnos lo llaman «la clase de Laurie Santos sobre la felicidad». Es la clase más popular en los 316 años de historia de Yale.

Una de las primeras lecciones que la Dra. Santos imparte en su curso es que a la mente humana le cuesta adivinar qué es lo que nos hace felices. Un típico cerebro humano estúpido adivina que la felicidad incluye tener una gran casa y un coche, un empleo muy bien pagado, un cuerpo perfecto y *sexy*, y la acumulación de todos los artilugios y juguetes con los que siempre hemos soñado. En otras palabras, tu cerebro cree que si vivieras como la gente que aparece en el programa *Los estilos de vida de los ricos y famosos*, serías la persona más feliz del planeta. Resulta que al cerebro humano se le da muy mal adivinar.

Por medio de su manera informal y cercana de enseñar psicología, la Dra. Santos demuestra, con decenas de estudios, que el dinero, las cosas materiales, los empleos y los títulos no nos hacen felices. Tienen un impacto muy pequeño en nuestro bienestar general, o incluso ninguno.

 Los actos de bondad, el ejercicio físico y la meditación no pagan nuestras facturas, pero el bienestar no se basa en medidas o recompensas económicas.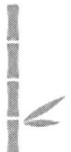

¿Qué es lo que nos hace más felices? La Dra. Santos demuestra que los estudios revelan que puedes aumentar tu bienestar realizando esfuerzos periódicos en ocho puntos:

1. Actos de bondad
2. Ejercicio físico
3. Conexión social
4. Meditación
5. Tiempo libre
6. Sueño reparador
7. Gratitud
8. Establecimiento de metas

Pero el bienestar no se basa en las medidas o recompensas económicas. Se basa en lo que hace que valga la pena vivir.

Todas y cada una de estas acciones son cosas que puedes hacer todos los días. Los estudios revelan que hacer un esfuerzo consciente en la dirección de estas acciones aumenta el bienestar general. Todas estas actividades que han sido estudiadas científicamente te ayudan a cuidar de ti para que puedas crecer de formas significativas.

Los actos de bondad, el ejercicio físico y la meditación no pagan nuestras facturas, pero el bienestar no se basa en medidas o recompensas económicas. Se basa en lo que hace que valga la pena vivir. Si cuando se trata de pensar en la felicidad tu mente piensa automáticamente en el dinero, entonces es posible que estés atrapado en un bucle de retroalimentación estático.

Sí, las horas que dedicas a tu empleo cada día pagan tus facturas. Pero puedes incorporar actos de bondad, ejercicio físico, conexión social, meditación (unos pocos minutos cada vez), gratitud y metas en tu trabajo. El tiempo libre y dormir bien quedan fuera de tu trabajo.

Los estudiantes de Yale entienden el valor que tiene que Laurie Santos les enseñe cosas sobre el bienestar. Están empezando a experimentar sus beneficios. Santos utiliza herramientas que permiten a sus alumnos medir su bienestar de nivel básico al inicio del curso y al final. Los estudiantes ven cómo su nivel de bienestar aumenta a medida que van entendiendo qué es lo que realmente tiene un impacto en su felicidad general. De hecho, los estudiantes no son los únicos que se benefician con este curso; la profesora Santos dice que su propio nivel de felicidad también ha aumentado. Si esto es algo lo bastante bueno como para que se enseñe en Yale, ¿por qué no habría de ser bueno que lo aprendas tú también?

Ésta es la buena noticia: si te interesa desarrollar tu mente, considera la posibilidad de recibir la clase de la Dra. Laurie Santos, La ciencia del bienestar. Puedes asistir como oyente al curso de forma gratuita en www.cousera.com. Cuando yo asistí al curso, fue como ver una nueva y emocionante serie de Netflix. Cada clase me proporcionó una pequeña dosis de información comprensible sobre cómo funciona el cerebro. Aprendí que puedo hacer muchas cosas para que el mío funcione mejor. Me sentí revitalizado mientras aprendía cómo aumentar mi bienestar. Era como si me estuvieran transmitiendo un secreto con respaldo científico sobre el cual había estado preguntándome desde hacía años.

Recomiendo encarecidamente realizar este curso. Háblales a tus amigos sobre él. Habla de este curso como si hablaras de la serie *Mad Men*.

Tiempo libre = verdadera riqueza

 Sin duda, quieres tener una jubilación feliz, pero ¿qué vas a hacer respecto a la felicidad en este momento y hasta que te jubiles?

Si crees en el modelo de vida occidental estándar de trabajar, ahorrar y jubilarte, entonces hay potencial para una felicidad mucho mayor. La verdad es que puedes disfrutar del presente y de tu vida entera, no sólo de la jubilación.

Es posible que tu jubilación esté muy lejos, o quizás planees retirarte dentro de unos pocos años. Sin duda, querrás tener una jubilación feliz pero ¿qué vas a hacer respecto a la felicidad en este momento y hasta que te jubiles? Según los estudios, tu elección personal entre el valor del dinero y el valor del tiempo es una de las cosas que más contribuyen a la felicidad.

Hal Hershfield y otros investigadores preguntaron a miles de personas qué valoraban más, el tiempo o el dinero. Como era de esperar, la mayoría de la gente (el 69 %) respondió que valoraba más el dinero que el tiempo. Sólo un 31 % de las personas encuestadas creía que el tiempo es más valioso que el dinero. Pero ¿quiénes eran más felices? ¿Los que creían en el dinero o los que creían en el tiempo?

 Si centras toda tu energía en tu empleo y sientes que no tienes tiempo para nada más, entonces eres pobre de tiempo.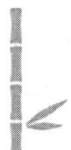

Los niveles de felicidad general de los que creen en el tiempo (4,89 sobre 5) son mucho más altos que los de quienes creen en el dinero (3,53 sobre 5). Aunque la mayoría de la gente valora más el dinero que el tiempo, está sacrificando su felicidad a causa de ello. En el mercado de valores de la felicidad, el dinero debería considerarse una acción bursátil sobrevalorada. El dinero y su rendimiento en felicidad de la inversión es una apuesta arriesgada. Una inversión en tu tiempo sería la mejor apuesta para obtener un rendimiento inmediato.

Entonces, el significado de tu vida se reduce a si tienes riqueza de tiempo o pobreza de tiempo. Si centras toda tu energía en tu empleo y sientes que no tienes tiempo para nada más, entonces eres pobre de tiempo. ¡Incluso podrías estar enfrentándote a una hambruna! Si para ti el tiempo vale más que el dinero, entonces felicidades: eres rico en tiempo.

Tener riqueza de tiempo significa que tienes tiempo para hacer todas las cosas que realmente quieres hacer en la vida. Puedes hacer aquello que amas y aquello que se te da bien, así como experimentar una mayor felicidad. O puedes correr detrás del dinero y estresarte, con una posibilidad mucho mayor de ser menos feliz. ¿Qué vas a elegir?

Buscar tu *ikigai* implica creer que tienes tiempo para hacerlo. Eso no significa que tengas que trabajar en ello veinticuatro horas al día. Podría significar unos diez minutos al día, pero el primer desafío que debes superar es que debes disponer del tiempo para hacerlo. Cambia tu contexto acerca del valor de tu tiempo.

El porqué del *mindfulness*

La mayoría de la gente considera que el concepto de *mindfulness* («atención plena») es difícil de entender. Pero no tiene por qué serlo. Mindful.org ofrece una definición estupenda: «El *mindfulness* es la capacidad humana básica de estar completamente presentes, conscientes de dónde estamos y de lo que estamos haciendo, y de no reaccionar de una forma exagerada o abrumarnos ante lo que ocurre a nuestro alrededor».

Ésa es una de las definiciones más claras del *mindfulness* que he encontrado. Pero para entender del todo qué es el *mindfulness*, el mundo no sólo necesita saber qué es, sino que además debe saber por qué deberíamos practicarlo. Busca información sobre el escritor Simon Sinek.

 «El *mindfulness* es la capacidad humana básica de estar completamente presentes, conscientes de dónde estamos y de lo que estamos haciendo, y de no reaccionar de una forma exagerada o abrumarnos ante lo que ocurre a nuestro alrededor».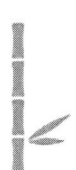

Simon Sinek es el renombrado autor del libro *Start with Why*.[1] Su libro afirma que las empresas y las personas más exitosas comprenden claramente por qué existen. Su *porqué* es el motor de *lo que* hacen y *cómo* lo hacen. Estoy parafraseando la brillante tesis de *Start with Why* en una embarazosa y breve descripción, pero éste es el motivo: por qué quieres practicar el *mindfulness* es en extremo importante.

¿Por qué deberíamos tener atención plena? Para ser conscientes del hábito de juzgar los momentos mientras van ocurriendo y dejar de hacerlo.

¿Cómo puedes conseguir tener atención plena? Practica la meditación con regularidad y sé consciente.

---

1. Trad. cast.: *Empieza con el porqué. Cómo los grandes líderes motivan a actuar* (Editorial Empresa Activa: España, 2018).

¿Por qué deberías ser consciente? Éste es un ejercicio que te ayudará a experimentar el *mindfulness* de primera mano. Prueba a hacer esto durante la próxima semana: imagínate que estás conduciendo en una calle con mucho tráfico en hora punta. Son las 17:15 y el tráfico es muy denso.

Prueba esto:

1. Acuérdate de relajarte. No juzgues. Nadie te está haciendo nada.
2. Deja generosamente la medida de dos automóviles entre tu coche y el que tienes delante. Permite que otros conductores llenen el espacio si lo necesitan. Luego deja dos espacios más, incluso cuando el semáforo esté en rojo.

Según los últimos estudios sobre el tráfico, el simple acto de dejar la medida de dos automóviles delante de ti permite que los conductores se puedan cambiar de carril. Tu generoso gesto permite que el tráfico sea más fluido. La ciencia ha demostrado que un conductor que hace esto tiene el potencial de desbloquear todo un atasco. ¿Por qué deberíamos probar este experimento? *Para ayudar a los demás a llegar a casa con mayor facilidad (incluido tú).*

La atención plena es una habilidad importante a desarrollar para que tu *ikigai* prospere. La meditación consciente reconfigura tu cerebro para entender con más claridad cada momento mientras está ocurriendo. Estás más sereno y sintonizado. Eres más amable y estás de mejor humor. La atención plena es un atributo que hace que tu vida resulte más fácil. Cuanto más la practicas, más disfrutas de tu tiempo.

 La meditación consciente reconfigura tu cerebro para entender con más claridad cada momento.

Cuando lleves una semana acordándote de dejar espacios, tómate el tiempo necesario para observar si eso ha hecho que tu camino de regreso a casa en coche sea más agradable. ¿Te sentiste más amable o más generoso? ¿Algunas personas te dieron las gracias haciendo un gesto con la mano o tocando el claxon? Durante una semana has ayudado a miles de personas a llegar a casa de una forma segura y fácil. Acuérdate de observar los momentos en el tráfico a medida que van ocurriendo.

El *mindfulness* te ayuda a dejar los hábitos que gobiernan tu vida y nublan tu mente. En el tráfico, si automáticamente te pegas al parachoques del vehículo que tienes delante, lo más probable es que lo hagas por una cuestión de hábito. Por el simple hecho de observar cuando lo haces y, en lugar de hacerlo, elegir dejar dos generosos espacios delante de ti, estás reconfigurando tu cerebro para la atención plena. El *ikigai* necesita una atención plena. Para vivir tu propósito en la vida, debes recordar fijarte en qué es lo que amas hacer y qué es lo que se te da bien. Debes observar qué es lo que tu *ikigai* le brinda al mundo. Debes fijarte en las recompensas que recibes de tu *ikigai*.

La ciencia de la psicología positiva todavía es un campo de estudio relativamente nuevo, pero las investigaciones que ha estado compartiendo son concluyentes. Es una forma en que puedes utilizar tu cerebro para hacer que funcione mejor. Es como usar el motor de tu automóvil para hacer que funcione mejor. La autorrealización y el *ikigai* tienen el potencial de hacer realidad tu propósito en la vida.

Capítulo seis

¿Qué te detiene?

La vida es injusta. No viene con un manual de instrucciones. Tienes que descubrir tu propio camino hacia la realización, y decenas de personas siembran en tu cabeza ideas que esperan que sigas sobre lo que está bien y lo que está mal. Tienes que lidiar a diario con normas sociales a las que debes adherirte, enseñanzas espirituales, leyes económicas y tus propios demonios internos. Es un milagro que sobrevivamos el tiempo suficiente como para prosperar, pero lo hacemos.

Siempre me han asombrado las personas que realmente prosperan. Tienen una característica común que rara vez es reconocida o celebrada. Las personas que prosperan, como Albert Einstein, Slomo u Oprah Winfrey, tienen una característica común que es esencial para el *ikigai*: son diferentes.

Los «diferentes» son los que marchan al ritmo de su propio tambor. Una persona diferente tiene sus propias creencias que actúan como guardarraíles y la mantienen en su camino singular a través de su vida. Al establecer sus propias reglas a lo largo de su vida, se hace inmune a las influencias externas. Destaca por sus ideas y por sus actos. Sabe lo que funciona y lo que no funciona en su mundo. Es independiente. Sabe lo que quiere.

¿Y si nada se me da bien?

 Tú tienes un *ikigai*, como todos los demás.

Si piensas que nada se te da bien, o que no hay nada en el mundo que te encante hacer, ¿cómo puedes comenzar tu *ikigai*? Te sorprendería saber cuántas personas me han dicho que su realidad no les ofrece ninguna pista sobre su *ikigai*. No desesperes. Hay algo que puedes hacer al respecto. Eres un ser humano. Tu vida es complicada. Lo entiendo.

Tú tienes un *ikigai*, como todos los demás. Sólo tienes que dar algunos pasos más ahora mismo. Tu *ikigai* comienza adaptando algunas de las cosas que hacer durante las siguientes semanas. Considera estas acciones:

1. Sé bondadoso con los demás

Según los estudios, los actos de bondad tienen unos efectos positivos que pueden conducirte a una nueva realidad. Abrir tu corazón a los demás te humaniza.

Cuando haces algo bueno para otra persona, experimentas recompensas físicas y químicas. Ser bondadoso reduce el estrés. Elimina la ansiedad y las emociones negativas. Un pequeño acto de bondad incluso puede sacarte de una depresión. Imagina qué actos de bondad puedes realizar cada día.

Haz una lista de algunas de las cosas que puedes hacer esta semana. Hazlas. Observa cómo cambia tu actitud.

2. Aprende a meditar

La meditación reconfigura el cerebro para reducir las emociones negativas y aumenta las emociones positivas. Si todavía no has probado la meditación, no la descartes.

 La meditación ayuda a desarrollar la compasión. Pone freno a la autocrítica.

La meditación se está haciendo tan popular como comprar un café en Starbucks. Sólo lleva unos minutos al día y, cuando la practicas, te sientes más animado. La meditación ayuda a desarrollar la compasión. Pone freno a la autocrítica. Si no has probado la meditación, no la descartes hasta que lo hayas hecho. Actualmente es más popular que nunca. Y lo mejor es que es gratis.

3. Pasa tiempo con amigos y familia

Los amigos y la familia son una medicina que puede ayudarte a vivir más años. Según un análisis de 148 estudios con más de 300 000 participantes, las personas que tienen unas fuertes conexiones sociales tienen un 50% más probabilidades de supervivencia. Tus amigos y tu familia añaden calidad a tu vida y hacen que sea maravillosa. Tu cerebro y tu cuerpo se benefician del tiempo de calidad que pasas con tus personas favoritas. Pasar más tiempo con ellas te proporciona muchísimas oportunidades para realizar actos de bondad y para reír.

4. Ponte una meta

 Si te fijas un objetivo, entrarás en contacto con lo que es importante para ti. Lograr un objetivo es como dar un nuevo impulso al sentido de tu vida.

Ponte una meta que puedas alcanzar en un mes. Concéntrate en ella y tendrás una dirección clara de hacia dónde te estás dirigiendo. Tendrás un sentido de propósito. El sentimiento de motivación correrá por tus venas. Si te fijas un objetivo, entrarás en contacto con lo que es importante para ti. Lograr un objetivo es como dar un nuevo impulso al sentido de tu vida.

Y si ya te pusiste una meta y la alcanzaste, ¿por qué no ponerte otra y llevarla a cabo?

Tienes un *ikigai*. Quizás necesites que te recuerden cuán valiosa es la vida. Ya te tocó la lotería cuando naciste. No pierdas esta oportunidad de vivir.

Guiones de trabajo familiares y padres tigre

 Tienes un conjunto de cosas que *deberías* y *no deberías* hacer, que te están diciendo continuamente adónde ir y adónde no ir, y es posible que no seas consciente de ello.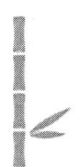

Haz lo que quieras. Parece obvio, pero existen fuerzas que están actuando fuera de lo que tú deseas. Tienes un conjunto de cosas que *deberías* y *no deberías* hacer, que te están diciendo continuamente adónde ir y adónde no ir, y es posible que no seas consciente de ello. Has vivido toda tu vida con unos guardarraíles invisibles pero amorosos que tú no colocaste en el viaje de tu vida. Ésos son los mensajes que tus padres han introducido en tu vida.

¿Qué pasa si tus padres quieren que seas médico, arquitecto o abogado? Bienvenido al confuso mundo de los guiones de trabajo familiares y de los *padres tigre*.

Cuando pronuncié una charla TED en Calgary en TEDxYYC, muchas personas se acercaron a mí cuando terminé y me dijeron lo inspiradas que se sentían por el *ikigai*. A cada persona con la que hablé ese día le daban vueltas en su cabeza las sensaciones de asombro y confusión como si se trataran de satélites errantes acerca de su propósito en la vida. Me decían que les encantaría encontrar su *ikigai*, pero que simplemente no sabían cómo hacerlo. Sobre todo se preguntaban cómo empezar a buscarlo. Yo les respondía con una pregunta: «¿Qué es lo que tus padres quieren que seas?».

Sí, les preguntaba a esos adultos qué era lo que sus padres esperaban que fueran cuando crecieran. Algunos me respondieron lo siguiente: «Querían que fuera contable, médico, ingeniero, así que estudié para serlo, pero no me gustaba, de manera que abandoné los estudios». Mientras me respondían había desesperación en sus miradas. Tenían los hombros caídos y en la comisura de sus labios se dibujaba una mueca de dolor. Estaba claro que se sentían decepcionados como resultado del camino que habían seguido.

Sin embargo, algunas personas me respondieron: «Me dejaron que hiciera lo que quería hacer». No había ninguna desesperación en las voces de estas últimas. Tenían el pecho levantado y brillo en sus ojos.

Los padres tienen un impacto importante en aquello que sus hijos eligen hacer en la vida como adultos. Como la vida misma, ser padres no viene con un manual de instrucciones. Aunque los niños creen que sus padres saben lo que están haciendo, la mayor parte del tiempo improvisan de una forma controlada y bienintencionada. Una de las primeras cosas que los padres primerizos aprenden es que son capaces de hacer que la mayoría de las situaciones sean soportables, solucionables o manejables. Los padres improvisan con las mejores intenciones para guiar a sus hijos hacia un lugar seguro. Eso incluye sus empleos y sus carreras.

Tienes un conjunto de cosas que deberías y no deberías hacer, que te están diciendo continuamente adónde ir y adónde no ir, y es posible que no seas consciente de ello.

Cuando se trata de elegir carreras para sus hijos, los padres suelen tener una serie de deseos y esperanzas. Con el tiempo, mamá y papá llegan a sus propias conclusiones acerca de qué líneas de trabajo son más seguras y aceptables para sus hijos. Durante la crianza de los niños, mamá y papá les inculcan sus propios estándares profesionales. Proyectan sus creencias a sus hijos de una forma amorosa (pero en ocasiones contundente). Esos mensajes se denominan guiones de trabajo familiares.

La mayoría de los padres se sentirían felices si su hijo o su hija decidiera ser médico. Si su niño o niña se convierte en médico, ellos también obtienen los distintivos de respeto, riqueza, caridad y seguridad. No hay necesidad de tener un plan alternativo. Un médico será médico durante toda su vida.

¿Y si el chico o la chica quiere ser pintor o pintora? No existe ninguna seguridad en la carrera de pintor. No hay ingresos fijos. La pintura no viene con un plan de pensiones o beneficios médicos.

Si tú eliges la carrera de médico, abogado, arquitecto, profesor, contable o ingeniero porque te apasiona, entonces es más probable que se manifieste tu ikigai.

Los guiones de trabajo familiares suelen convertirse en listas de profesiones aceptables e inaceptables. Los padres argumentan que sólo quieren que sus hijos estén sanos y sean felices. La interpretación de esto es un poco más complicada. Ellos quieren que sus hijos elijan uno de los trabajos de la lista personalizada de carreras aceptables que les proporcionan. Las profesiones que entran con más frecuencia en la columna de las más aceptables incluyen la de médico, abogado, arquitecto, profesor, contable e ingeniero. ¿Tus padres se sentirían felices si eligieras una carrera de esa lista? Sin duda. Ésas son profesiones nobles, pero si la elección la hacen los padres, y no el hijo o la hija, no hay garantía de que se manifieste el *ikigai*. Si *tú* eliges la carrera de médico, abogado, arquitecto, profesor, contable o ingeniero, es porque te apasiona, y entonces es más probable que se manifieste *tu ikigai*.

Los padres no actúan con maldad al transmitir a sus hijos sus guiones de trabajo. Antes bien, están haciendo algo que es aceptable dentro de la columna de la sociedad en general. Recuerda que los padres simplemente están improvisando. Están guiándote por el camino que muchos otros padres también aceptan y entienden. Ésa es su tarea. La tuya consiste en amar a tus padres y ser amable con ellos, pero también en hacer lo que deseas.

Tus padres no van a repudiarte si no haces lo que ellos quieren que hagas. Continuarán animándote y apoyándote. Siempre y cuando no hayas crecido con unos padres tigre.

La primera vez que oí hablar de una madre tigre o unos padres tigre fue cuando realicé un seguimiento de un correo electrónico muy dulce de una mujer joven que había visto mi charla TEDx en Calgary titulada *How to ikigai*. Su nombre es Ashley Wong. Ella me buscó en la web y me envió un correo muy amable para decirme cuánto había disfrutado con mi charla. Me sentí halagado e inspirado por el hecho de que ella sintiera una conexión tan fuerte con el *ikigai* y le pregunté si podía conocerla para saber más sobre su vida.

Unos días más tarde, Ashley y yo nos encontramos en una cafetería en el centro de Calgary para almorzar. Al igual que a los otros asistentes a la charla de TEDxYYC, una de las primeras preguntas que le hice fue: «¿Qué es lo que tus padres quieren que seas?». Ella respondió preguntándome si alguna vez había oído hablar de las madres tigre. Me sentí intrigado. A continuación, Ashley me explicó que una madre tigre es alguien que tiene unas expectativas muy altas para sus hijos. Las madres tigre esperan buenas notas en el colegio, excelencia en los estudios de música y que sus hijos estudien las carreras que ellas eligen para ellos. Se me encogió el corazón. No tenía ni idea de que había niños que tenían padres así. Me molestó.

El guion de trabajo familiar que los padres tigre transmiten es tener unas expectativas altas para sus hijos en el ámbito académico, deportivo y musical. Su principal expectativa es que sus hijos tengan la vida que ellos han diseñado y que les han impuesto. Me pregunté cómo era posible que eso pudiera dar como resultado la felicidad de los padres o de los hijos. Ashley consideraba que su madre era un poco una madre tigre. Sus expectativas todavía le pesaban y tenía miedo de decepcionarla. ¿En qué momento deja un hijo adulto de intentar complacer a sus padres y empieza a centrarse en tratar de complacerse a sí mismo?

Ashley y yo disfrutamos de nuestro almuerzo y de la compañía. Me sentí entusiasmado al ver su emoción cuando le pregunté qué era lo que realmente la apasionaba. «Me encanta el periodismo», respondió.

 *Tu ikigai no tiene que ser algo que te pagan por hacer. Es algo por lo que te sientes recompensado cuando lo haces. Cuenta las historias que te apasionan.*

«Entonces, ¿por qué no te dedicas a eso?», fue mi simple réplica. El periodismo no tiene que ser un trabajo al que vas todos los días para ganar un sueldo. También puede ser un *hobby*. Cualquiera puede investigar y escribir historias para compartirlas en Internet, en especial si disfruta haciéndolo. Escoge una plataforma y crea un blog. Si adoras el periodismo y se te da bien, entonces disfrutarás cuando formes parte de él. Tu *ikigai* no tiene que ser algo por lo que te pagan. *Es algo por lo que te sientes recompensado cuando lo haces.* Cuenta las historias que te apasionan. Cuando empieces a compartir tus historias con el mundo, tus lectores te mostrarán su aprecio.

Un método comprobado para separar los sentimientos de los demás de los tuyos propios consiste en realizar un simple ejercicio. Escribe lo que crees que otras personas esperan de ti. Este ejercicio te permite separar tus deseos de los de ellas. Cuando empieces a realizar cambios en tu *ikigai*, advertirás que los pasos que das son tuyos. No estarás siguiendo las esperanzas y los deseos de ninguna otra persona. Estarás siguiendo los tuyos propios. El *ikigai* es un guion que adoptas para ti mismo. Es un viaje de una persona, el cual podría parecer egoísta a primera vista. Pero en realidad el *ikigai* intenta compartir lo mejor que tienes para ofrecer. Sólo tú tienes la capacidad para comprender cómo va a ser tu vida con sentido. Si te has estado resistiendo a hacer aquello que amas y que se te da bien a causa de las expectativas de tus padres, es hora de que defiendas tu postura.

Parar alcanzar tu máximo potencial, tendrás que empezar a enfocarte en tus propios sueños y aspiraciones. Con respecto a tu madre y a tu padre, simplemente ofréceles una cantidad infinita de bondad, respeto y amor. Te sorprenderá cuánto lo aprecian.

DEJA DE DECIRLE A LA GENTE LO QUE DEBERÍA HACER

En una ocasión, un hombre sabio me pidió que «dejara de decir a la gente lo que debía hacer». Ese sabio me dijo que había eliminado las palabras «deberías» y «no deberías» de su vocabulario. Esas dos palabras simplemente implican que la persona que las está utilizando tiene una mayor inteligencia y autoridad que las personas a quienes las está dirigiendo. Desde entonces, me he prometido dejar de decirle a la gente lo que debería hacer.

El *ikigai* es una benevolencia que te permite ser tú en tus propios términos. Además, proporciona esa misma benevolencia a todas las personas para que sean ellas mismas. Si eliges «dejar de decir a la gente lo que debería hacer», decides no imponerles tu opinión y tu visión del mundo.

El *ikigai* es una expresión del valor de tu vida. Ninguna otra persona tiene nada que decir acerca del valor de tu vida. Tú eres la única influencia. Pero no puedes influir en los demás diciéndoles lo que deberían hacer. Piensa en ello durante un rato.

Tu jerarquía de necesidades

El psicólogo Abraham Maslow creía, por encima de todo, que las personas desean alcanzar su máximo potencial. Maslow era un hombre tímido que en un principio creyó que quería ser filósofo, pero luego cambió su enfoque hacia la psicología. Él consideraba la psicología como una ciencia que podía ayudar a las personas comunes a realizarse, a buscar y lograr más cosas.

En una ocasión, se rascó la cabeza, apoyó el mentón en la palma de su mano y se preguntó: «Si las necesidades básicas de las personas están satisfechas, ¿por qué no se concentran en alcanzar el potencial de su vida?». En otras palabras, si tienes la suerte de tener suficiente comida, alojamiento, amor, seguridad y logros, ¿por qué no te centras en alcanzar tu máximo potencial? Buena pregunta, Maslow.

Maslow estudió los aspectos sanos de la condición humana y afirmó: «Es como si Freud nos hubiera proporcionado la mitad enferma de la psicología y ahora nosotros tuviéramos que completarla con la mitad sana». Maslow sentía curiosidad por el potencial positivo de las personas. A través de su investigación, sus colegas y él desarrollaron la teoría de que cada día los humanos tienen cinco necesidades. Maslow mostró estas necesidades en forma de una pirámide denominada jerarquía de necesidades de Maslow.

La jerarquía de necesidades de Maslow

La pirámide apilada es así:

Capa base - Necesidades fisiológicas como comida, agua, aire, vivienda, sexo, Doritos… ya sabes, lo esencial.

Segunda capa - La necesidad de seguridad: a todo el mundo le gusta estar a salvo del peligro. Además, uno quiere tener seguridad económica, salud y seguridad emocional.

Tercera capa - La necesidad de amor y de pertenencia. Tener una familia y amigos es maravilloso.

Cuarta capa - La necesidad de estima. Es agradable tener una sensación diaria de logro. La estima te levanta el ánimo.

Quinta capa - Autorrealización. Se trata de la necesidad de ser creativos y desarrollarnos espiritualmente. Es el trabajo que uno hace para alcanzar su máximo potencial. Por lo visto, esto no lo necesitamos todos los días.

Maslow teorizó que las primeras cuatro capas de su pirámide representan las cosas esenciales de la vida diaria. Cada día debes cuidar de tus cuatro necesidades básicas. Una vez que están satisfechas, cada día te resultará más fácil descansar hasta el día siguiente. Si no satisfaces tus cuatro necesidades básicas todos los días, te pones nervioso. Por ejemplo, si no comes o bebes nada en un día, tendrás hambre y sed. Eso te provocará bastante ansiedad. Si tienes sólo 3,42 dólares en tu cuenta bancaria, pero necesitas comprar leche y cuesta 4,97 dólares, te sentirás bastante preocupado e inseguro respecto a tu situación económica. Si no tienes ningún amigo y ningún familiar con quien hablar, sentirás que no tienes apoyo, te sentirás solo y deprimido. Si no logras algo cada día, tu autoestima se verá afectada.

Sin embargo, si no desarrollas tu creatividad o te acercas un poco más a la autorrealización cada día… bah… no tiene importancia.

Quizás pienses: «Bueno, cuando salga de la oficina cada día, preparo la cena, acuesto a los niños y respondo algunos correos electrónicos; no tengo energía para nada más». Tienes razón. Las necesidades básicas son agotadoras.

 «Si planeas de manera deliberada ser menos de lo que eres capaz de ser, entonces te advierto que serás infeliz el resto de tu vida».

Aunque es verdad que necesitas un empleo para poder obtener alimentos, vivienda y seguridad, no está garantizado que tu trabajo vaya a cumplir tu propósito en la vida. La sociedad y nuestro intelecto nos dicen que el trabajo que hacemos cada día servirá para cubrir todas nuestras necesidades. Pero eso no es lo que ocurre en la mayoría de los casos. Unas pocas personas afortunadas tienen empleos que cuidan de ellas espiritual y económicamente.

Maslow creía que la vida te tiene reservadas muchas más cosas. Sí, es posible que te consideres una persona común y corriente que vive el día a día tratando de llegar a fin de mes. Maslow sabía que la vida tiene reservadas muchas más cosas a todas las personas *si lo eligen*. Él afirmaba lo siguiente: «Si planeas de manera deliberada ser menos de lo que eres capaz de ser, entonces te advierto que serás infeliz el resto de tu vida». Al no elegir centrar tu energía en tu propia autorrealización, estás eligiendo ser menos de lo que podrías ser. Quieres más que eso, ¿no?

LOS ENEMIGOS DEL *IKIGAI*

Tu *ikigai* está en una batalla constante contra las fuerzas que provienen de tu interior. El miedo es el enemigo del *ikigai*. Es lógico que luches contra una o más manifestaciones de ese enemigo. Los estudios muestran que el miedo a lo desconocido es la raíz de todos los miedos. Si te pone nervioso acercarte más a tu *ikigai*, considera que ese miedo te está impidiendo avanzar. Éstos son los cuatro tipos principales de miedos y algunas palabras agudas para luchar contra ellos:

Miedo al fracaso: ¿Y si tu *ikigai* te deja arruinado, sin un lugar donde vivir e incapaz de pagar las cuotas de tu Mercedes? Tu *ikigai* hará que seas más feliz y estés más satisfecho. El fracaso perderá su poder. Estarás bien.

Miedo al éxito: ¿Cómo será tu vida cuando realices plenamente tu *ikigai*? ¿Serás irreconocible? Tu *ikigai* te aportará más alegría de la que puedes llegar a imaginar. El éxito te llevará a ti mismo. Estarás bien.

Miedo a lo que piensen los demás: Es tu vida. Nadie más tiene nada que decir. La felicidad es una tarea de una sola persona. Estarás bien.

Miedo a la incomodidad: Es posible que, cuando empieces a aprender más sobre tu *ikigai*, tengas algún momento ocasional de incomodidad. Aprenderás cosas sobre ti que pueden ser incómodas. Mantén la calma. Todo malestar es temporal. Alguna vez has volado en turista en un vuelo de larga distancia, ¿no? Pronto acabará. Estarás bien.

Sólo hay un miedo que te servirá en tu búsqueda del *ikigai*. El miedo a no encontrarlo. Lo resolverás. Tu *ikigai* ya existe. Sólo tienes que descubrirlo. Sigue buscando. Además, ¡la búsqueda es divertida! Estarás bien.

Busca la ayuda de un profesional

Si quieres ayuda con tu *ikigai*, puedes encontrarla, pero es posible que no provenga de donde tú esperas. Considera contratar los servicios de un psicólogo. La psicología positiva, en especial, ha evolucionado hasta convertirse en un poderoso método para incrementar el bienestar general. Un terapeuta personal o un psicólogo puede ser un compañero poderoso en la vida y en el *ikigai*.

Aunque es razonable suponer que un profesional de la psicología podría ayudarte en tu búsqueda de tu *ikigai*, la mayoría de la gente no ha considerado sus ventajas. La terapia puede proporcionarte respuestas a los temas para los que las necesitas desesperadamente. Hace que te des cuenta de quién eres... de tus aspectos positivos y negativos.

Pero quizás pienses que la terapia es cara y que te quita tiempo. Es posible que te resulte pesado asistir. No sabes de qué quieres hablar. Quizás te preguntes por qué querrías pagarle a otra persona para que te ayude a ser más tú. Si es tu caso, trata de pensar en el psicólogo como si fuera un entrenador personal para tu bienestar. El dinero y el tiempo que te dediques a ti mismo será para toda la vida. Tu necesidad de servicios adicionales en el futuro se reducirá con el tiempo.

El coste promedio anual de un gimnasio, incluyendo la matrícula, suele ser de unos ochocientos dólares al año. Si contratas a un entrenador personal, el costo podría triplicarse o cuadruplicarse. Mucha gente paga a gimnasios y entrenadores personales todos los años en enero. La inspiración para sudar abruma la necesidad de cambio del cerebro. Millones de personas esperanzadas y bienintencionadas se apuntarán a un año de tortura en la cinta de correr en su gimnasio local para empezar el nuevo año y ser una nueva persona. A principios de mayo, la mayoría de los nuevos miembros ya vuelven al gimnasio. Según las estadísticas, sólo el 18 % de los miembros de un gimnasio asisten a él con regularidad.

La terapia puede eliminar muchas obstrucciones, conflictos internos y limitaciones autoimpuestas.

Considera lo siguiente: por ochocientos dólares al año, podrías tener entre cuatro y seis sesiones con un psicólogo. Eso significaría un compromiso de tiempo de unas seis horas. La información que obtendrías sobre la forma de vivir tu vida haría que tu propósito en la vida avanzara. La terapia puede eliminar muchas obstrucciones, conflictos internos y limitaciones autoimpuestas. Mientras aprendes y te adaptas, disfrutarás de la satisfacción del crecimiento personal y la autorrealización.

De vez en cuando aprenderás una lección que cambiará tu vida. Los estudios muestran que los beneficios de las sesiones de terapia persisten durante años. Los mayores cambios suelen producirse cuando menos los esperas. Después de cada sesión, uno sigue creciendo. Como resultado de tus sesiones, tendrás una perspectiva para tu futuro bienestar. Cuando sales de cada sesión, es como si tuvieras un *coach* de vida sobre tu hombro recordándote las cosas que te hacen feliz.

Esto sería interesante: ¿qué ocurriría si cada año, a principios de enero, cientos de psicólogos ofrecieran grandes descuentos para terapias anuales y paquetes de «año nuevo, vida nueva» para tu bienestar?

¡Imagina cuánto aprendizaje habría! ¡Imagina cuánto crecimiento! ¡Imagina tener un entrenador personal que puede ayudarte a entender tu vida! Uno de los mejores regalos que me proporcionado a mí mismo fue el permiso de ir a ver a un psicólogo. Elegí ser vulnerable, a pesar de que creía que ya era perfecto (¿te parece familiar?). Pero una vez que me permití contarle mis historias a un psicólogo, me di cuenta de que tenía mucho que aprender. Resultó ser que soy imperfecto. Y sigo siéndolo, pero puedo aprender.

Tú también puedes hacerlo. Te lo recomiendo encarecidamente.

Abandona las formas de pensar rígidas. Busca el crecimiento

Imagina a un príncipe que tenía todos los lujos del mundo a su disposición. Podía hacer cualquier cosa que se le antojara. Todos sus caprichos eran atendidos por mil sirvientes leales. El príncipe podía vivir en el reino más inmenso y extravagante del mundo, pero debía permanecer dentro de los muros del reino. No se le permitía ver o conocer nada del mundo exterior. El príncipe vivía cada día lleno de una dicha total y absoluta. No conocía el sufrimiento, y vivió así hasta el día de su muerte. Fin.

A grandes rasgos, este cuento podría parecer la historia de una vida perfecta. Si fueras un príncipe rico que pudiera ser un magnate durante toda su vida, ¿lo harías? Lo único que conocerías sería un palacio, un grupo de amigos y la comida proveniente de una cocina. Podrías tener fiestas como una estrella del rock todos los días y beber botellas del mejor champán. ¿Sería eso suficiente?

Es posible que esta historia te resulte familiar. Es la historia de un joven príncipe llamado Siddharta Gautama. Siddharta vivía como un príncipe muy rico. Tenía todos los lujos del mundo, e incluso encontró el amor verdadero en los confines del palacio. Pero Siddharta se preguntaba qué había detrás de los muros del palacio.

Siddharta ideó un plan para escapar algún día y así poder ver con sus propios ojos los misterios del exterior. Una de las primeras personas a las que vio tras escapar fue a un anciano frágil y delgado. Estaba sufriendo el dolor de sus años. Esto afectó mucho a Siddharta, quien no sabía nada sobre el sufrimiento. La imagen del anciano se le quedó grabada en la mente como un clavo. No le gustó lo que vio, pero se preguntó qué era eso.

Siddharta decidió marcharse del palacio. Dejó atrás a su bella esposa y a su bebé, a todas las personas a las que conocía y amaba, y todas las riquezas a las que se había acostumbrado. ¿Por qué? Porque buscaba el crecimiento.

Durante años, Siddharta buscó maestros y el conocimiento, pero le costó encontrar lecciones que explicaran lo que eran el dolor y el sufrimiento. Intentó pasar hambre para ver si podía encontrar la respuesta al sufrimiento con su propio dolor. Su agonía no le brindó respuestas.

 Si permaneces estático, donde estás en este momento, sin intención de aprender más lecciones en la vida, sufrirás muchísimo.

Siddharta volvió a comer y a cuidar de sí mismo, pues se dio cuenta de que el dolor extremo no le daría más respuestas que las que le había proporcionado el lujo extremo cuando era un príncipe. Decidió que no se llega a la iluminación a través de los extremos. En su lugar, razonó que las respuestas llegarían a través de un enfoque equilibrado. Siddharta decidió que no viviría su vida ni en el lujo ni en la pobreza. A ese camino lo llamó «el camino del medio».

Siddharta creía que el camino del medio era el camino hacia la iluminación. Una noche se sentó bajo una higuera llamada el árbol Bodhi, con la intención de pensar en todas sus experiencias a través de la meditación. No dejaría de meditar hasta que tuviera todas las respuestas que buscaba. Siddharta meditó durante cuarenta y nueve días y llegó a la iluminación. Entonces, Siddharta se convirtió en el Buda.

La iluminación de Buda nos enseña que la vida es dolorosa y que la manera de lidiar con el sufrimiento es aprendiendo las lecciones que el dolor está tratando de enseñarnos. Una vez que uno ha aprendido esa lección, pasa a la siguiente. Te iluminarás cuando hayas aprendido todas las lecciones que tu alma no aprendió en vidas anteriores. La iluminación impedirá que tu alma vuelva a experimentar el sufrimiento en otra vida. Habrás alcanzado el nirvana.

Si crees o no en las enseñanzas de Buda, es tu decisión. Sus lecciones son profundas. Si permaneces estático, donde estás en este momento, sin intención de aprender más lecciones en la vida, sufrirás muchísimo. Experimentarás lo mismo una y otra vez, sin ver jamás nada que esté fuera de los muros de tus convicciones.

Cómo practicar el *ikigai*

Capítulo siete

El Okinawa de Miyagi

«Encerar, pulir».

Estas dos palabras captan una pequeña parte de la primera lección que el personaje del Sr. Miyagi le enseña a su alumno Daniel Russo en la película *Karate Kid* de 1984. La mera mención de la frase «Encerar, pulir» puede evocar al instante imágenes de un maestro enseñando a su alumno los primeros movimientos defensivos del kárate. La lección más importante de la película llega más adelante en la historia. Es una lección sobre la determinación.

La escena se inicia en el exterior de la casa del Sr. Miyagi, tenuemente iluminado en la oscuridad. Daniel-san está sobre una escalera con una lata de pintura gris y una brocha. Ha estado pintando la casa del Sr. Miyagi utilizando la técnica que su maestro le había enseñado. La técnica consistía en «pintar la casa de lado a lado». Por el rabillo del ojo, Daniel ve al Sr. Miyagi caminando hacia él, trayendo una caña de pescar. Daniel se siente molesto por la presencia de su maestro. Se pregunta por qué el Sr. Miyagi ha ido a pescar mientras él está partiéndose el lomo pintando su casa. El Sr. Miyagi se enfada con Daniel y le dice que no lo vio en su casa cuando se marchó. Además, declara que eso forma parte de su entrenamiento en artes marciales.

Daniel se enoja ante la respuesta de Miyagi. Piensa que se está aprovechando de él. Ha trabajado muchísimo durante cuatro días seguidos puliendo los suelos de la casa de su maestro y su camioneta, y ha pintado la verja. Daniel está empezando a pensar que es el esclavo de Miyagi, no su alumno. Por último, Daniel levanta las manos disgustado y empieza a marcharse, furioso. El Sr. Miyagi le grita secamente: «¡Daniel-san! ¡Ven aquí!». Daniel se detiene y regresa adonde está su maestro.

 El *ikigai* es como el kárate. Adquieres más conocimientos cada día que regresas para aprender más.

El Sr. Miyagi le pide a Daniel que le muestre el movimiento de «pulir el suelo». Gesticulando con las manos en el aire, Daniel muestra la acción que le ha enseñado Miyagi para pulir el suelo. Entonces, el maestro le demuestra que «pulir el suelo» es una forma de bloquear un golpe que viene hacia ti.

Más tarde, le pide a Daniel que le muestre el movimiento de «Encerar, pulir». Una vez más, esa acción es otra forma de bloquear los golpes. Continúa con «Pintar valla» y luego con «Pintar casa». Cada movimiento repetitivo que Daniel ha estado realizando en los cuatro días previos le han enseñado lo que es la memoria muscular. El Sr. Miyagi le había estado dando tareas que se convertirían en técnicas de bloqueo de puñetazos y patadas fiables.

Cuando Daniel pensó que no estaba aprendiendo nada, sí lo estaba haciendo. En ese momento, el Sr. Miyagi le impartió su lección más importante para aprender kárate: «Vuelve mañana», le dijo.

El secreto para progresar en cualquier cosa es *volver al día siguiente*.

El *ikigai* es como el kárate. Adquieres más conocimientos cada día que regresas para aprender más.

Asimismo el *ikigai* se asemeja al kárate de otra forma: ambos provienen de Okinawa.

El kárate es el estilo de artes marciales especial de Okinawa desde hace siglos. Se creó durante el período del Reino Ryukyu como un estilo de autodefensa que las personas podían llevar consigo siempre. A su arte marcial lo llamaron *te*. A lo largo de los siglos, el *te* fue evolucionando hasta convertirse en *kara te*. *Kara* significa «vacía» y *te*, «mano». Por ende, *kárate* es un término que se traduce como «mano vacía».

Es una gran cosa que el pueblo Ryukyu tuviera el kárate como una forma de defensa personal. Les vino muy bien cuando Japón invadió las islas.

En 1609, Japón invadió y conquistó el Reino Ryukyu. Como parte de la ocupación japonesa, los invasores insistieron en que los isleños debían entregar todas sus armas. Los lugareños obedecieron, pero en su interior sabían que todavía tenían la capacidad de defenderse. Llegaron a la conclusión de que sus manos serían sus armas.

Durante esa época, el kárate fue una práctica privada que se transmitía de padres a hijos. Para que el kárate se pudiera mantener vivo después de la invasión japonesa, se practicaba sólo en secreto, en la oscuridad, cuando caía la noche. Los maestros enseñaban en silencio a un pequeño puñado de alumnos cada vez. Ellos transmitían sus conocimientos a sus estudiantes como un acto de servicio; nunca cobraban por las lecciones. Los alumnos adquirían un nuevo estatus cada año adicional que permanecían con su profesor, y lo más importante era que eran evaluados según sus habilidades, su sentido del honor y su fortaleza de carácter.

Los invasores japoneses no sabían nada sobre el kárate. Los lugareños mantuvieron sus secretos durante el mayor tiempo posible. El resto del mundo no supo nada sobre el kárate durante cientos de años, ya que sólo se practicaba en Okinawa.

Luego, en los últimos años de la Segunda Guerra Mundial, las tropas estadounidenses llevaron a cabo otra invasión a Okinawa. Una feroz batalla tuvo lugar durante meses contra las fuerzas japonesas en la isla. Después de la guerra, las tropas estadounidenses ocuparon Okinawa por ser un feudo estratégico en el borde del Pacífico.

Poco después, los soldados estadounidenses fueron testigo de una forma de lucha exótica que nunca habían visto, llamada kárate. Era una manera fascinante de practicar el combate que el resto del mundo jamás había contemplado. Los estadounidenses se quedaron fascinados y empezaron a aprender kárate de los okinawenses.

Más adelante, un puñado de soldados llevó el carate a Estados Unidos y empezó a enseñarlo. Con el transcurso del tiempo, el kárate se fue modificando y evolucionó hasta convertirse en el kárate americano, pero las semillas de este arte marcial provienen de Okinawa. Cualquiera puede aprenderlo si le dedica tiempo y energía. El secreto para dominar el kárate es que tienes que *practicarlo hoy y volver mañana.*

Es justo decir que nadie podría convertirse en un maestro del kárate de la noche a la mañana. Es una práctica física y mental que lleva años dominar, pero los karatecas se desarrollan más cada vez que regresan. El maestro karateca Shoshin Nagamine resumió la maestría del kárate diciendo: «El kárate puede ser considerado el conflicto dentro de uno mismo o una maratón de por vida que sólo puede ganarse mediante la autodisciplina, el entrenamiento duro y nuestros propios esfuerzos creativos».

Lo mismo puede decirse del *ikigai*. El *ikigai* requiere tiempo, práctica y creatividad. Debes tener un objetivo singular por el que trabajar. Debes comprender el conflicto que hay en tu interior para realizar todo tu potencial. El *ikigai* es una comprensión singular de lo que amas hacer, lo que se te da bien, lo que el mundo necesita y aquello por lo que puedes ser recompensado. La determinación te ayuda a practicar tu *ikigai* hoy y regresar mañana. Necesitas determinación si quieres llevar a cabo tu *ikigai*.

 La determinación es un atributo que uno cultiva mediante una mente abierta y la voluntad de aprender.

La psicóloga Angela Duckworth es una experta en el estudio de la determinación y ha aprendido que «la determinación implica tener un objetivo que te importe tanto que organice y dé sentido a prácticamente todo lo que haces».

Además, «La determinación es pasión y perseverancia para los objetivos a largo plazo. La determinación es tesón. La determinación es ser fiel a tu futuro todos los días; no sólo durante una semana o durante un mes, sino durante años. Y trabajar realmente duro para que ese futuro se haga realidad».

La determinación te impulsa hacia adelante e incluso te ayuda a superar los fracasos y los reveses. Tu determinación te ayuda a ver cada esfuerzo como una labor de *ganar o aprender*. La determinación te impulsará hacia adelante durante períodos sumamente largos. La combinación del *ikigai* con la determinación es una fórmula ganadora que te hará avanzar un poco cada día. Cuando te golpean, te levantas y te lo tomas como algo que te aporta experiencia. Luego sigues adelante.

La determinación es un atributo que se cultiva teniendo una mente abierta y la voluntad de aprender. La mejor manera de practicar la determinación es con una mentalidad de crecimiento. Si crees que cada intento de crecer producirá cambios fundamentales en tu cerebro, entonces puedes considerar que con cada experiencia puedes ganar o aprender.

 El potencial de tener una vida plenamente realizada te fue concedido el día que naciste.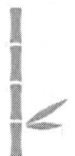

Espero que establezcas una relación más entre el kárate y el *ikigai*. Al igual que en el kárate, en el *ikigai* hay unas etapas por las que uno tiene que pasar. El primer paso es comprometerte con tu *ikigai*. Tu potencial de tener una vida plenamente realizada te fue concedido el día que naciste. Considera el día de tu nacimiento como el día en que recibiste tu cinturón blanco en *ikigai*. Hay muchas más cosas que aprender sobre ti mismo. Trabaja un poco en tu *ikigai* hoy y regresa mañana.

El sistema de cinturones

Los colores de los cinturones en kárate representan crecimiento y desarrollo.

Al contrario de lo que se cree popularmente, el sistema de cinturones del kárate no es una práctica antigua. Los cinturones de colores son algo que se empezó a practicar a finales del siglo XIX. Los colores de los cinturones que indican rangos provienen del judo, un deporte japonés más reciente y seguro. Aunque la clasificación estandarizada para el kárate no se empezó a practicar hasta el año 1938, los rangos de los colores de los cinturones cuentan una historia maravillosa.

Los colores de los cinturones en kárate representan crecimiento y desarrollo. De la manera en que se hacía inicialmente, todos los alumnos comenzaban con un cinturón blanco. A medida que cada alumno iba adquiriendo más conocimientos y habilidades, con el tiempo iba tiñendo su cinturón de un color más oscuro.

El primer color del que se teñía el cinturón era el amarillo. El amarillo mostraba que el estudiante era consciente de que estaba recibiendo sus primeros rayos de conocimiento o de luz solar. Abría su mente para aprender y crecer.

Luego, el alumno se ganaba el privilegio de teñir su cinturón de color naranja. De la misma manera en que el sol resplandeciente calentaba la tierra para que nuevas semillas crecieran, también lo hacían las lecciones que acompañan al cinturón naranja. El alumno podía sentir cómo su fuerza crecía y su comprensión se hacía más profunda.

El cinturón verde mostraba que el alumno, al igual que la semilla, había atravesado el suelo y estaba creciendo hacia el sol, estirándose para adquirir un mayor conocimiento.

El cinturón azul representaba al cielo, ya que el estudiante iba creciendo cada vez más hacia el sol.

El morado demostraba que el alumno había desarrollado un conocimiento más profundo y avanzado. Empezaba a entender la importancia de la madurez y el poder del conocimiento.

Cuando el estudiante teñía su cinturón de marrón, eso indicaba que se estaba acercando más a la sabiduría. Todo el duro trabajo y la determinación estaban dando sus frutos. El alumno empezaba a comprender lo que significaban esos frutos.

El rojo representaba el peligro. Cuando un estudiante obtenía su cinturón rojo, era capaz de infligir un gran daño. Si no permanecía vigilante y respetuoso con sus capacidades, representaba un gran peligro. El objetivo del alumno con un cinturón rojo era ser cauto y buscar un conocimiento mayor.

Finalmente, el alumno obtenía su cinturón negro sólo cuando había comprendido por completo el profundo poder de su conocimiento. El negro representaba la inmensidad del espacio más allá del sol. Hay mucho más que aprender. El estudiante se convertía en un maestro que continúa aprendiendo durante toda la vida.

Es una bonita historia, ¿no crees? El sistema de cinturones tiene su origen en el poder y el respeto por el poder. Las lecciones contenidas en cada cinturón son lecciones de vida.

El sistema de cinturones del kárate ofrece una representación visual del progreso. El *ikigai* es como el kárate en el sentido de que promueve el compromiso, el crecimiento y el conocimiento. Si el valor de tu vida está en juego, ¿es el *ikigai* algo a lo que volverás día tras día? ¿Te comprometerás con el siguiente nivel de *ikigai*, tu cinturón amarillo?

Comprométete con tu cinturón amarillo

Cuando empecé a explorar mi propio *ikigai* hice una lista de mis sueños.

Para comprometerte con tu cinturón amarillo de *ikigai*, abre tu mente a los primeros rayos de conocimiento que tu *ikigai* tiene para ti. Estás en el camino de la búsqueda de la sabiduría y la verdad. En el caso de Daniel-san, se basaba en la autodefensa y en proteger a los débiles. Tú buscas algo proactivo. *Si el kárate es autodefensa, entonces el* ikigai *también lo es.* El *ikigai* te impulsa a abrazar la verdad acerca de ti. Compartes tu *ikigai* con el mundo y te sientes recompensado por ello.

Ábrete a los rayos de conocimiento que el *ikigai* tiene que ofrecer. Explora. Experimenta.

El mayor desafío para alcanzar tu máximo potencial en la vida es entender qué es lo que buscas. Tienes que empezar por algo. Ábrete a los rayos de conocimiento que el *ikigai* tiene que ofrecer. Explora. Experimenta. Sueña. Busca pistas en tu infancia.

Cuando empecé a analizar mi propio *ikigai*, hice una lista de mis sueños. En ella incluí sueños generales como explorar la industria musical y cómo crear relaciones en la música. También tenía sueños específicos. Cantar jazz como Harry Connick Jr., ser un cantante melódico, crear un grupo musical, grabar un disco, cantar en el Festival de Jazz de Montreal. Todos los sueños específicos eran como casillas que iba marcando, una por una. Leí libros como *Strengths Finder 2.0*, *Start with Why* y *How to Win Friends and Influence People*. Probaba todo lo que me interesaba.

Cada nueva experiencia entraba en una de estas dos listas: *ikigai* sí o *ikigai* no.

Mientras iba probando más cosas, empecé a entender qué era lo que se me daba bien y lo que no. Soy bueno en el campo del entretenimiento. No soy bueno dirigiendo a otras personas. Soy bueno interactuando con los individuos. No soy bueno en las finanzas. Descubrí lo que me encanta y lo que no me encanta hacer. Me encanta tener nuevas ideas. Una vez que las llevo a cabo, no me gusta continuar haciéndolo durante mucho tiempo. Me encanta encontrar nuevas aventuras. No me encanta hacer lo mismo una y otra vez. Cada nueva experiencia entraba en una de estas dos listas: *ikigai* sí o *ikigai* no. Yo buscaba patrones de *ikigai*.

Más tarde asistí a un curso que impartía Simon Sinek. Se llamaba Descubre tu porqué. Durante ese curso, escribí una amplia variedad de historias acerca de mi vida. Cuando acababa las historias, le pedía a mi amiga Jane Pierce que me apoyara y fuera mi compañera de curso. Cuando nos sentamos a mi mesa de comedor, empezamos a ver que emergía un patrón: tengo un intenso deseo de ganarme a las personas. Vimos que mi porqué se apoyaba en una acción que tenía un beneficio para mí y para el mundo que me rodeaba. Mi porqué y mi *ikigai* es *deleitar*.

Estás realizando una investigación sobre ti mismo. Tu tarea consiste en mirar más profundamente en tu corazón.

Empieza a elaborar una lista de las cosas que amas hacer y que se te dan bien. Intenta hacer algo de tu lista todos los días. Tu lista será absolutamente única para ti. Si algo te pica, entonces ráscate. Cuando aparezcan en tu mente ideas y curiosidades, examina muy bien hacia dónde te llevan.

Realiza tus sueños. No te limites a soñarlos. Realízalos. Pasa a la acción. Busca patrones. Lee libros que te ayuden a profundizar en quién eres. Empezarás a ver un patrón propio. Comenzarás a ver listas de «*ikigai* sí» e «*ikigai* no».

No serás consciente de tu *ikigai* de la noche a la mañana. Al igual que un corredor de maratones, debes entrenarte y estudiar qué es lo que funciona mejor en tu caso. Necesitas determinación.

Cada momento que inviertes en lo que amas hacer y en lo que se te da bien, te acerca más a empezar a vislumbrar tu *ikigai*. Sólo tú puedes dar los pasos necesarios para examinar más profundamente el potencial de tus alegrías.

Estás realizando una investigación sobre ti mismo. Tu tarea consiste en mirar más profundamente en tu corazón. Sé sincero todos los días sobre las cosas que te encantan y las que te resultan difíciles. Explora tus deseos y necesidades. Empieza a escribir un diario. Lleva un registro de las cosas que encuentras fascinantes. Hazlo hoy. Vuelve mañana.

Capítulo ocho

Medio *ikigai* / *ikigai* completo

Para la mayoría de la gente, dejar la escuela secundaria y ser padre a los dieciséis años sería una experiencia aterradora y difícil, pero para Casey Neistat representaba una oportunidad. ¡Le entusiasmaba el hecho de ser padre!

Casey era el típico adolescente, pero tenía una forma atípica de ver la vida. Cuando se enteró de que iba a ser padre, no le cupo la menor duda de que iba a ser el mejor padre que pudiera ser. No tenía sentido gastar energía pensando en lo que los vecinos pudieran pensar de él o preocupándose por cómo iba a ser su vida a partir de ese momento. Su intención era pura: iba a ser el mejor padre que pudiera ser.

Para mantener a su familia, Casey aceptó un empleo como lavaplatos. El restaurante de mariscos en el que trabajaba preparaba grandes cantidades de sopa cada día en unas ollas enormes. Las ollas eran tan grandes que tenía que introducir el brazo hasta la axila para poder rascar y frotar el fondo. Casey creía en lo más profundo de su ser que era el mejor lavaplatos que ese restaurante había contratado jamás. Se enorgullecía de encargarse de cada olla pegajosa, quemada y con crema seca que llegaba a sus manos. Aunque la mayoría de la gente consideraría el trabajo de lavaplatos como un empleo poco importante, él veía su rol en el restaurante como una oportunidad. Casey decidió ser el mejor lavaplatos posible.

Cuando Casey cambió de empleo en el restaurante para convertirse en ayudante de cocina, aplicó su ética profesional. Se sintió obligado a ser el mejor ayudante de cocina posible. Se enorgullecía del trabajo que realizaba.

Casey fue aprovechando cada una de las oportunidades que se le presentaban como una manera de aprender sobre el mundo y superarse.

Aproximadamente en esa época, Casey empezó a notar que su vida en Connecticut tenía un espacio limitado para el crecimiento. Le encantaba ser padre, pero su relación con su novia se estaba desmoronando. Casey sentía que quería explorar un poco más el mundo. Entonces, con la promesa de que continuaría siendo el mejor padre posible, se mudó a Nueva York, donde empezó a trabajar como repartidor y, con el tiempo, consiguió un empleo como administrador de un estudio de arte. Su objetivo era ahorrar cien dólares por semana, para poder utilizarlos para estar con su hijo los fines de semana. Casey fue el mejor administrador de un estudio de arte que podía llegar a ser.

Basaba la decisión de aprovechar cada oportunidad en si ésta le ayudaría a progresar en la vida.

Casey fue aprovechando cada una las oportunidades que se le presentaban como una manera de aprender sobre el mundo y superarse. La forma en que Casey Neistat veía su mundo fue un factor importante para su éxito. Cuando aparecían nuevas posibilidades en su camino, Casey tomaba una decisión: ir adelante o no. Basaba la decisión de aprovechar cada oportunidad en si ésta le ayudaría a progresar en la vida. Amaba la sensación y la gratificación que le ofrecía progresar. Lo único que le faltaba a Casey era enfocarse en algo.

Un día, Casey estaba visitando a su hermano Van en su piso en Nueva York. Van estaba ansioso por mostrarle a Casey un nuevo juguete que se acababa de comprar. Era un ordenador que podía hacer algo que ningún otro ordenador personal había sido capaz de hacer antes. Era un flamante iMac de color azul. Este ordenador era una bestia, porque era la primera máquina capaz de editar películas. Casey se quedó boquiabierto al ver la compra que Van había hecho. Le pareció que esa tecnología era la cosa más maravillosa del mundo. Ese día, Van y él grabaron una pequeña película y la montaron. Fue emocionante. Los jugos creativos de Casey empezaron a fluir. Por primera vez en su vida, vio la creación de películas como una posibilidad. Era una nueva oportunidad. El potencial era enorme.

Desde que Casey empezó a hacer películas, se dio cuenta de que le encantaba. Además, resultó que tenía talento para contar historias. En esa visita a su hermano, Casey descubrió algo que ofrecía oportunidades ilimitadas. No había forma de que pudiera entender hasta dónde podía llevarlo la creación de películas. Se sentía inspirado y eso era lo único que le importaba. Además, estaba convencido de que podía ser bueno haciendo películas, así que empezó a llamarse a sí mismo cineasta. Con este nuevo enfoque, la vida de Casey comenzó a cambiar.

Casey empezó a hacer películas sobre cualquier cosa que le inspirase. Comenzó con pequeñas películas sobre su hijo. Soñaba con experimentos que podía filmar y los convertía en historias. Grababa vídeos con una pequeña cámara de vídeo y un iMac como el de su hermano. Agotó la única tarjeta de crédito que tenía para comprar el ordenador. Casey tenía las herramientas y la creatividad necesarias para hacer cualquier cosa que soñara. Más le valía ser el mejor cineasta posible.

Estaba grabando películas para sí mismo. Era lo que amaba hacer.

En el caso de Casey, por la ley de probabilidades, cuanto mayor era su deseo de obtener credibilidad por el trabajo creativo que estaba haciendo, mayor era el trabajo creativo que debía realizar. No estaba haciendo películas para clientes. Estaba haciendo películas para sí mismo. Era lo que amaba hacer y cada vez se le daba mejor. Casey hizo una película tras otra sobre cualquier tema que llamara su atención. Cada vez que rodaba una nueva película, las recompensas no dejaban de llegar. Con cada película que hacía para el mundo, aumentaban sus probabilidades de hacer algo que valiera la pena.

Cuando Casey tenía aspiraciones de ser cineasta, YouTube no existía. No había ninguna red de distribución masiva que hiciera que las películas independientes fueran accesibles al público. Pero Casey continuó haciendo películas de todos modos.

Entonces, en 2003, Casey se encontró con un problema. Dieciocho meses antes, había gastado una buena cantidad del dinero que tanto le había costado ganar en un nuevo iPod de Apple. El iPod era un nuevo e innovador dispositivo que le permitía llevar miles de canciones en el bolsillo. Pero, por desgracia, en sólo 18 meses, la batería del iPod murió. Casey hizo lo que haría cualquier persona responsable propietaria de un dispositivo a principios de la década de 2000: llamó al servicio técnico de Apple para ver si podía reemplazar la batería. El agente del servicio al cliente con el que habló le indicó que podían sustituir su batería, pero que le costaría tanto como un iPod nuevo. A Casey no le gustó la respuesta. Al parecer, no había nada que pudiera hacer para solucionar su problema con la batería. Lo único que podía hacer era una película sobre el tema.

Entonces, Casey y su hermano Van tuvieron la descarada idea de utilizar el propio marketing de Apple como una forma de compartir el mensaje sobre la breve vida de la batería del iPod. Casey se filmó cortando una plantilla con palabras en un trozo de cartulina. Luego, Van y él salieron con la plantilla y un par de latas de pintura en aerosol en busca de carteles de anuncios del iPod de Apple en Manhattan.

Casey se acercó a una serie de carteles de publicidad del iPod con colores vivos que habían sido pegados en un muro. Colocó su plantilla sobre los carteles y la pintó con pintura blanca, dejando un mensaje en el que se leía: «La batería irreemplazable del iPod sólo dura 18 meses». Casey y Van recorrieron toda la ciudad pintando ese mensaje sobre los anuncios de Apple. Van documentó toda la hazaña con la videocámara de Casey y luego hicieron una película que se tituló *iPod's Dirty Secret* («El sucio secreto del iPod»). El título final de la película decía: "Éste es un anuncio de servicio público de los Hermanos Neistat".

En esa época YouTube todavía no existía. Casey y Van tuvieron que idear una forma de subir ese corto de tres minutos a Internet. Cuando finalmente publicaron la película, rompió récords de visualizaciones. De las docenas de películas que Casey había hecho, *iPod's Dirty Secret* fue la única que se hizo viral. En tan sólo seis semanas, había tenido más de seis millones de visualizaciones.

Los medios de comunicación se hicieron eco. Cientos de medios de prensa del mundo entero querían hablar con Casey Neistat sobre su problema con el iPod. Casey hizo entrevistas con CBS News, la BBC, *The Washington Post*, e incluso con la revista *Rolling Stone*. El problema de la batería irreemplazable era algo que afectaba a millones de propietarios del iPod. Su situación y la forma rebelde en que la afrontó era una historia de David y Goliat. Casey Neistat se enfrentó a una gran empresa tecnológica haciendo lo que amaba hacer y lo que se le daba bien. Contó una historia que era importante para él y para un gran número de gente, haciendo una película sobre ello.

 Para encontrar nuevas oportunidades, él abraza su actitud intrépida para hacer más.

Casey encontró más oportunidades nuevas en su camino. Más de las que hubiera podido soñar.

Si existe un tema central en la vida de Casey Neistat es el de las oportunidades. Casey ha dicho que se siente como si le hubiera tocado la lotería por haber nacido en Estados Unidos y por la libertad que tiene para aprovechar las oportunidades. Hay muchas personas en el mundo que no tienen la misma suerte que él. Casey ve su vida como una serie de oportunidades, y cada una de ellas le lleva a la siguiente. Para encontrar nuevas oportunidades, él abraza su actitud intrépida para hacer más.

Una grandísima oportunidad entró en el campo de visión de Casey. Sólo tenía que presentarse, y cuando lo hizo, Casey estaba listo para dar el salto.

 A Casey se le daba bien hacer cortometrajes y le encantaba contar historias.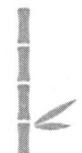

El *Oxford Dictionary* define oportunidad como: «Momento o conjunto de circunstancias que permiten que sea posible hacer algo». El patrón que Casey Neistat ha seguido le permitía estar disponible y no tener miedo de aprovechar las nuevas oportunidades cuando eran posibles. A Casey se le daba bien hacer cortometrajes y le encantaba contar historias. Entra en YouTube.

En 2005, YouTube empezó siendo una página web donde uno podía subir vídeos y compartirlos. Casey creó su primer vídeo para YouTube en 2010. Siendo un cineasta, para él YouTube era un medio para hacer llegar sus cortometrajes a los espectadores. Casey lo vio como una oportunidad más para hacer películas originales sobre cosas que despertaban su curiosidad. Su primer vídeo recibió el nombre de *Emergency Brakeby Casey Neistat*. Casey tenía curiosidad sobre cómo y por qué en todos los vagones del metro de la ciudad de Nueva York hay frenos de emergencia. ¿Cuál sería una buena razón para tirar del freno de emergencia?

Casey examinó una variedad de diferentes escenarios que podrían producirse en un tren y señaló por qué cada situación no era el momento adecuado para tirar del freno de emergencia. Su película fue rebelde y un poco juvenil. Tuvo un éxito moderado, pero más adelante, ese mismo año, Casey grabó otra película.

Cada vez que Casey hacía otro vídeo y lo subía a YouTube, creaba otra oportunidad para que fuera viral. Su siguiente vídeo viral llegó cuando se enfrentó a otro problema. Había estado montando en bicicleta en Manhattan cuando un policía lo detuvo y le puso una multa por circular fuera del carril para bicicletas. Casey estaba furioso y recurrió directamente a su método «probado y comprobado» para enfrentarse al *establishment*: hizo una película. El resultado se llamó *Bike Lanes* y ha tenido veintiún millones de visualizaciones.

En los cinco años siguientes, Casey Neistat hizo una película para YouTube cada pocos meses. Un día contactó con él Nike. Querían saber si estaba interesado en hacer una película para ellos apoyando su nueva pulsera de actividad llamada Fuel. Casey vio la oportunidad de hacer lo que amaba y lo que se le daba bien, pero no en los términos de Nike. Él les hizo una contrapropuesta con su propia idea. Haría una película para ellos en apoyo a la pulsera de actividad Fuel, pero tenían que darle todo el presupuesto y confiar en lo que haría con ese dinero. Nike aceptó.

Casey tomó el dinero de Nike e invitó a su amigo Max a una aventura conjunta. Los dos amigos tomaron todos los vuelos que pudieron y viajaron a todos los países posibles hasta que se gastaron todo el dinero. Filmaron todo e incluyeron citas inspiradoras acerca de sacarle el jugo a la vida. Viajaron en avión por todo el mundo durante diez días. La película resultante se llamó *Make it Count*. Es maravillosa. Búscala. La disfrutarás.

Mientras Casey y Max estaban viajando, Casey se hizo un tatuaje en el antebrazo en el que pone «Do more» («Haz más») con su propia letra. El *ikigai* se había convertido en una parte muy importante de su vida.

Si «Haz más» es una receta importante para Casey Neistat, puede funcionar para ti también. El *ikigai* trata sobre hacer más... de ti.

Medio *ikigai*

Casey descubrió su *ikigai* por partes.

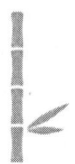

Cuando Casey Neistat se propuso encontrar su lugar en el mundo, no tenía ni idea de por dónde empezar o de qué cosas eran importantes para él. Casey era como cualquier otro chico de dieciséis años. Era inexperto, pero su ética laboral era beneficiosa para él. Su tarea era probar una serie de cosas distintas para ver qué era lo que resonaba con él. Una vez que encontraba algo en lo que enfocarse, estaba listo para inyectarle su ética de trabajo y empezar con buenas perspectivas.

Casey descubrió su *ikigai* por partes. Empezó haciendo aquello que se le daba bien. La ventaja particular de Casey era que insistía en ser bueno en cualquier trabajo que realizara. Él creía que podía destacar en cualquier cosa que intentara. Ponía su corazón en todas las cosas, de modo que había muchas cosas que se le daban bien.

Luego, Casey empezó a tratar de descubrir cuáles eran las cosas que amaba. Fueron necesarios varios intentos, pero finalmente tuvo un momento de «¡Eureka!» cuando visitó a su hermano, quien tenía un nuevo iMac. La producción audiovisual le resultaba muy divertida. Era guay y le interesaba. Hacer películas era algo que le inspiraba y energizaba sus pensamientos. Dado que Casey ya tenía la ética de trabajo necesaria para ser un gran cineasta, amar lo que hacía era como encender una cerilla junto a una lata de gasolina.

Durante años, Casey se dedicó a hacer aquello que amaba y que se le daba bien, poniendo el corazón y el alma en ello. No lo hacía para ganar dinero; lo hacía porque se sentía bien haciéndolo. En algunas ocasiones recibía mucha atención por alguna de sus creaciones, pero cuando eso ocurría, era como si le cayera del cielo. Lo más importante de hacer aquello que amaba y que se le daba bien era que siempre se sentía recompensado por ello.

Ésa es la magia del *ikigai*. Cuando empiezas a hacer lo que amas y lo que se te da bien, los beneficios son inmediatos. Haz aquello que amas y que se te da bien con la mayor frecuencia posible. Ésa es la primera mitad del *ikigai*. Experimenta de primera mano lo que es sentir la energía y la satisfacción de tus fortalezas en acción. No tienes que ganar dinero con ello. La gratificante sensación de satisfacción ya está incorporada.

LAS MITADES DEL *IKIGAI*

Medio *ikigai* vs. *ikigai* completo

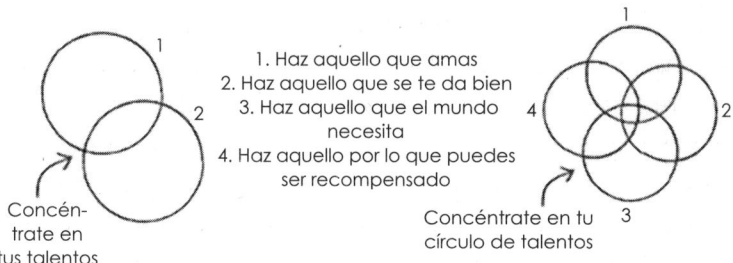

1. Haz aquello que amas
2. Haz aquello que se te da bien
3. Haz aquello que el mundo necesita
4. Haz aquello por lo que puedes ser recompensado

Concéntrate en tus talentos

Concéntrate en tu círculo de talentos

Ikigai completo

El 25 de marzo de 2015, Casey Neistat colocó su cámara en lo alto de una colina con vistas a una bella bahía en la isla de St. Barts. Había estado preparándose para ese momento durante toda su vida. Encendió la cámara y se colocó, relajado, delante de la lente. Era su cumpleaños. Cumplía treinta y cuatro años y tenía algo que anunciar.

Antes de decidir hacer ese anuncio, Casey Neistat había dedicado miles de horas a hacer películas. Su motivación era seguir avanzando. Las recompensas económicas podían llegar más adelante, o incluso podían no llegar.

En los cinco años anteriores, Casey había estado haciendo vídeos y subiéndolos a YouTube, y decidió que quería hacer algo más. En su cumpleaños número treinta y cuatro, Casey anunció que se iba a comprometer a hacer una película nueva cada día y subirla a YouTube. Este anuncio no sólo era único y audaz, sino que además era sincero. Casey se comprometió a grabar un vídeo nuevo cada día hasta que ya no pudiera hacerlo. Se preguntó que si había podido alcanzar un éxito moderado haciendo un vídeo de vez en cuando, ¿qué ocurriría si filmaba, editaba y subía una película nueva cada día?

La osada promesa de Casey hizo que se le presentara un tsunami de oportunidades. Se lanzó de cabeza a su primer *vlog*. Al día siguiente, creó una nueva película. El tercer día lo volvió a hacer. Casey grababa películas sobre cualquier cosa que se le ocurriera. Hizo una sobre cuánto le gusta correr. Otra película giraba en torno a cómo convertir un Apple Watch básico en un Apple Watch de oro. Contó historias sobre la comida en los aviones. Utilizó su creatividad para soñar historias sobre su vida cotidiana que importaban a su público.

 La segunda mitad del *ikigai* es ir más allá de ti y realizar plenamente el valor que le brindas al mundo.

Cuando llevaba cinco meses haciendo sus *vlogs* diarios, Casey llegó al millón de suscriptores en YouTube. Al año siguiente, ya tenía cuatro millones de suscriptores. Actualmente, Casey Neistat ha alcanzado los diez millones de suscriptores en su canal de YouTube.

Cuando Casey dio el salto a un *vlog* diario, la segunda mitad de su *ikigai* acabó saliendo a la luz. *Haz aquello que el mundo necesita y aquello por lo que puedes ser recompensado.*

Casey no estaba filmando vídeos para todo el mundo. Estaba haciéndolos para él mismo y para las personas que conectan con su mensaje. Diez millones de personas se han suscrito al canal de YouTube y esa cifra va en aumento. Los fans de Neistat sienten tanta pasión por él como la que sienten los fans de *The Bachelor* por ese programa de televisión. Hay un gran número de personas que creen en Casey y él continúa comunicándose con ellas de formas que considera importantes.

La segunda mitad del *ikigai* es ir más allá de ti y realizar plenamente el valor que le brindas al mundo. Los fans de Casey Neistat encuentran valor en cada nuevo vídeo que sube y en su entusiasmo contagioso. Aman su talento para contar historias y su alegría de vivir. Es interesante ver lo que Casey está haciendo día a día, de la misma manera en que uno ve una serie para estar al día con lo que van haciendo sus personajes.

Casey consigue oportunidades personales, económicas y de muchos otros tipos porque sigue su *ikigai para hacer más cosas*. Casey Neistat es un ejemplo brillante del *ikigai* en acción.

Capítulo nueve

Empieza tu *ikigai*

¿Qué es lo que amas?

¿Qué es lo que se te da bien?

Parece demasiado simple creer que esas dos directrices son el punto de partida de tu *ikigai*, pero es así. El punto de inicio del *ikigai* te hace las dos preguntas más obvias que podrías plantearte. No puedes avanzar si no respondes a esas dos cuestiones: ¿qué es lo que amas?, ¿qué es lo que se te da bien?

Estas preguntas pueden animarte o frustrarte. La rapidez con la que lleguen las respuestas está directamente relacionada con cuán bien te conoces. ¿Cómo empiezas un viaje si no conoces tu destino? ¿Cómo puedes cocinar un plato si no sabes lo que estás cocinando? ¿Cómo planeas tu boda si no tienes a alguien a quien amar?

Estás a punto de comenzar tu medio *ikigai*. Es hora de crecer.

Experimenta

 Los escenarios difíciles no te desaniman porque sabes que o vas a ganar o vas a aprender.

Si eliges crecer, eligiéndote estás decantando por buscar respuestas. El *ikigai* es una manera de buscar respuestas. Cada vez que encuentras una nueva respuesta, tu vida se torna más emocionante.

 Dweck está convencida de que cuando tienes una actitud de *crecimiento* te encantan los desafíos.

La psicóloga de Stanford Carol Dweck considera que tu actitud es clave para lo que lograrás en la vida. En su libro *Mindset: The New Psychology of Success*,[2] Dweck señala que la actitud de cada persona determinará su capacidad de ser feliz. Si tienes una actitud *rígida*, crees que eres quien eres. Puedes esforzarte por cambiar, pero tus esfuerzos serán en balde porque tu suerte en la vida ya está determinada. Tener una actitud rígida significa que tus atributos creativos, intelectuales y personales son inamovibles. No vale la pena ni siquiera intentar cambiarlos. Cada día ya está destinado a ser igual que el anterior.

Dweck está convencida de que cuando tienes una actitud de *crecimiento* te encantan los desafíos. Tienes la esperanza de aprender algo de cada nueva experiencia. Los escenarios difíciles no te desaniman porque sabes que o vas a ganar o vas a aprender, o, en una situación perfecta, ambas cosas. Cada día es una oportunidad más para hacer preguntas, aprender y crecer.

Depende de ti si eliges ser una persona con una actitud rígida o con una actitud de crecimiento. Los estudios muestran que la práctica deliberada en tus relaciones, creatividad e inteligencia modificarán tu actitud y el resultado será el crecimiento personal. Al enfrentarte a tus defectos y abrazar tus lecciones, estás abriéndote a una actitud de crecimiento. Sí, ser requerirá cierto esfuerzo, pero tú lo vales.

Si estás verdaderamente interesado en descubrir tu *ikigai* y practicarlo, entonces es imperativo que aceptes tu capacidad de crecer. Co-

2. Trad. cast.: *Mindset: la actitud del éxito*. Editorial Sirio, Málaga, 2017.

mo cualquier otra cosa en la vida, debes empezar por el principio. Cuando comienzas a leer, primero debes aprender el alfabeto. Cuando empiezas a aprender a tocar el piano, debes aprender las escalas. En el *ikigai*, lo primero que debes aprender es la respuesta a dos preguntas: ¿qué es lo que amas? y ¿qué es lo que se te da bien?

Ikigai a tiempo parcial

Cuando le pidieron a Al Muirhead que tocara la trompeta en el circo se sintió entusiasmado. El circo iba a llegar a su pueblo, Regina, en Saskatchewan, y el líder de la banda necesitaba a un trompetista talentoso que pudiera leer música bien. Al era el hombre perfecto para ese trabajo. El único problema era que todavía no era un hombre. Tenía doce años.

Tocar música era un empleo a tiempo parcial para Al. Le encantaba tocar la trompeta, pero su trabajo principal en la vida era asistir a la escuela. Se esperaba que sacara buenas notas, como los demás niños. Todo parecía indicar que Al era un niño talentoso que crecería y se comería el mundo como muchos otros adultos. La trompeta era sólo un pasatiempo. No había forma de que se pudiera ganar la vida tocándola.

Con doce años, Al estaba haciendo todos los grandes trabajos musicales en Regina. Tocaba todo el tiempo. Tocaba en la sinfónica. Tocaba en bandas de música country, en *bigbands* y en todos los tipos de banda que te puedas imaginar. Para tocar en la banda del circo, Al tenía que pertenecer al sindicato de músicos locales, de modo que se inscribió con diligencia y consiguió su tarjeta del sindicato en un momento en el que ni siquiera podía obtener un carnet de conducir.

Al terminó la secundaria y continuó tocando la trompeta en cada oportunidad que se le presentaba. Su padre, como muchos otros, quería asegurarse de que Al tuviera seguridad y estabilidad en la vida, así que le pidió que fuera a la universidad y estudiara contabilidad. Al era un hijo obediente, de modo que se matriculó en las clases de contabilidad como quería su padre. El único problema era que Al no tenía tiempo para estudiar. Estaba demasiado ocupado tocando. Al se dio cuenta muy pronto de que no tenía el talento ni el deseo de ser contable. Tocar la trompeta le apasionaba demasiado. Estaba decidido a ser un «acompañante» altamente cualificado para su profesión. Sería un mercenario que tocaría con destreza en una amplia variedad de bandas tantos días a la semana como le fuera posible.

Al hizo lo que la mayoría de la gente sólo sueña con hacer. Convirtió su pasión a tiempo parcial en su trabajo a tiempo completo. Y lo ha seguido haciendo desde entonces. Actualmente Al tiene 81 años.

 Convirtió su pasión a tiempo parcial en su trabajo a tiempo completo.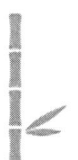

La estrategia de Al Muirhead para su vida como músico era asegurarse de ser el mejor acompañante posible. Al no tenía ninguna aspiración de ser el líder o la estrella de una banda. Lo que le hacía feliz era aportar partes de trompeta sólidas y bien ejecutadas a cualquier banda en la que lo invitaran a tocar. Se podría decir que el *ikigai* de Al es *ser confiable*. Es recompensado por su confiabilidad con una comunidad de líderes de bandas que adoran esa característica suya. Al es contratado por una amplia variedad de líderes de bandas a los que les encanta trabajar con él.

Hace unos años pudo vivir algo especial. Su contribución a la escena musical de Calgary es tan apreciada que uno de sus amigos le preguntó si estaría interesado en grabar su primer álbum. Al nunca había pensado en grabar un disco como líder de una banda. Siempre pensaba: «El mundo no necesita otro disco de trompeta».

Al aceptó la oferta para finalmente grabar su álbum debut y decidió titularlo *It's About Time.*[3] Cuando salió a la venta fue muy bien recibido en el mundo entero. Cuando se aproximaba la temporada de premios de la música, Al se enteró de que su álbum había recibido una nominación oficial a los premios Juno. Desde entonces ha estado trabajando sin cesar como líder de su propia banda. Recientemente lo han invitado a tocar en el festival de jazz más grande del mundo, el Festival de Jazz de Montreal.

 Usa parte de tu día para hacer lo que amas y se te da bien.

¿Cómo puede una persona promedio convertir una pasión a tiempo parcial en un trabajo a tiempo completo? Puedes comenzar como lo hizo Al. Olvídate del tiempo completo; empieza con un *ikigai* a tiempo parcial. Usa tu día para hacer lo que amas y se te da bien. El día tiene veinticuatro horas. Si divides el día en tres partes iguales, tendrás ocho horas para trabajar, ocho horas para recreo y ocho horas para dormir.

Tus ocho horas para recreo son perfectas para que las uses todos los días para tu *ikigai*. Además, tienes los fines de semana.

De una forma similar a tus valores personales, el *ikigai* es una parte importante de quién eres cada día. Tus creencias espirituales, tus valores como padre y tus metas de *fitness* tienen un papel en tus actividades diarias. El *ikigai* no es distinto; forma parte de quien eres.

Me gustaría que supieras lo que se siente cuando el *ikigai* es una parte de tu día, así que voy a recomendar que empieces tu *ikigai* como una actividad a tiempo parcial. Hay dos maneras en las que puedes hacerlo: puedes comenzar a tener una actividad paralela o una actividad paralela útil.

---

3. *N. de la T.:* la traducción del título al español es *Ya era hora.*

Una actividad paralela

Antes de que Al Muirhead fuera adolescente, comenzó su primera actividad paralela aceptando tocar la trompeta en algunos bolos. Todo el mundo sabe que una actividad paralela es algo que uno hace en su tiempo libre (en sus horas de recreo) para poder ganar un poco de dinero extra. Las actividades paralelas son una tendencia que va en aumento, y no tienes que ser un músico como Al para empezar una.

Según una encuesta realizada por GoDaddy, hasta un 50 % de los *millennials* y *baby boomers* tienen actividades paralelas. *Grosso modo*, una actividad paralela es una forma de ganar un poco de dinero extra, pero en el fondo los motivos están más relacionados con el *ikigai*. Una actividad paralela es una manera de hacer lo que a uno le apasiona. Deja abierta la posibilidad de que la actividad paralela acabe convirtiéndose en un trabajo a jornada completa. Las actividades paralelas pueden ser cualquier cosa que encaje con tu *ikigai*.

En el caso de Kath Younger, su pasión era la comida saludable y la escritura. Aunque puede parecer que sus pasiones no son innovadoras, su situación es similar a la de muchas personas en el mundo. Ella quería comer bien y mantenerse sana, así que decidió compartir su historia porque podía haber otras personas que valoraran su enfoque.

En 2005, Kath estaba terminando sus estudios universitarios. Se divertía tomando una copa de vino y comiendo aperitivos a altas horas de la noche. Esas calorías adicionales, junto con una lesión en el pie, equivalían a consumir un exceso de alimentos y a moverse poco. Kath sabía que tenía que implementar un cambio en su dieta y en su estilo de vida.

Decidió que se sentiría más sana si adelgazaba unos trece kilos, así que, para lograr su objetivo, empezó a buscar formas de preparar comida sana y deliciosa. Su pie sanó y ella pudo salir a correr otra vez. Ahora tenía una combinación de comida saludable y un estilo de vida activo.

Kath creó un blog en el que escribía tres publicaciones sobre comida al día: Una para el desayuno, una para la comida y otra para la cena. Rápidamente fue ganando suscriptores. Su blog, *Kath Eats Real Food*, empezó a ganar impulso y a cambiar vidas. Su pasión a tiempo parcial estaba progresando y Kath se sentía recompensada al hacerlo en su blog en www.katheats.com. En aquella época, ella trabajaba a jornada completa en relaciones públicas, pero regresó a la universidad para convertirse en nutricionista titulada.

Una actividad paralela de *ikigai* es más gratificante para tu espíritu que tu cuenta bancaria.

La historia de Kath te resulta familiar, ¿verdad? Ella tenía el deseo de «compartir cómo vivir una vida saludable». Tenía un objetivo noble. El tiempo que podía encontrar para dedicarse a ello era en sus horas libres. Empezó haciéndolo a tiempo parcial y luego esa actividad se convirtió en gran parte de su vida.

En la actualidad, Kath Younger es una *blogger* a tiempo completo. Convirtió su pasión en su trabajo escribiendo en el blog. Su alcance ha crecido, al igual que ella. Kath todavía escribe sobre comida saludable, pero también sobre ser madre, viajes, presupuestos y jardinería. A través de su blog se ha convertido en una marca de estilo de vida. Kath es hoy en día una líder de opinión para miles de suscriptores, simplemente siendo ella misma y viviendo su *ikigai*. Su *ikigai* es *compartir con sinceridad.*

Tú también puedes iniciar una actividad paralela como lo hicieron Al y Kath. Encuentra algo que te interese y dedícale un poco de tiempo y energía. Ten cuidado de no hacerlo sólo porque crees que puedes ganar mucho dinero con ella. Aunque las actividades paralelas pueden hacer que ganes un poco de dinero extra, una actividad paralela de *ikigai* es más gratificante para tu espíritu que tu cuenta bancaria.

Cuando pongas energía en tu actividad paralela, tendrás una mejor idea de cuál es tu *ikigai*.

La gente realiza trabajos como los siguientes:

Paseador de perros
Cuidador de casas
Gestor de redes sociales
Fotógrafo
Influencer en redes sociales
DJ
Diseñador gráfico
YouTuber
Escritor *freelance*

Cuando pongas energía en tu actividad paralela, tendrás una mejor idea de cuál es tu *ikigai*. Como ya se ha comentado, el *ikigai* es una acción. Quizás pienses que quieres ser paseador de perros, pero a medida que vayas paseando más y más perros, es posible que te des cuenta de que tu *ikigai* es *cuidar animales*. Un *ikigai* a tiempo parcial implica explorar y profundizar en lo que te hace feliz.

Un *ikigai* a tiempo parcial te permite probar ideas. Podrás demostrar conceptos y ver resultados. Con el tiempo, vas a ir desarrollando una lista de señales de luz verde o luz roja a partir de tus experimentos de *ikigai* a tiempo parcial. No se trata de ganar o perder. Sólo se trata de ganar o aprender.

Actividad paralela útil

Cuando se trata del *ikigai*, piensa en la gratificación que te proporcionará, no en el dinero.

No todo el *ikigai* se basa en ganar dinero. Tu verdadero *ikigai* es algo que harías gratuitamente si te dieran la oportunidad. Cuando se trata del *ikigai*, piensa en la gratificación que te proporcionará, no en el dinero. Las recompensas son valiosas. Llenarán tu cuenta bancaria emocional.

Hazte voluntario, ayuda a un vecino, entrena a un equipo de baloncesto o de hockey. Cualquier oferta de tu *ikigai* al servicio de otras personas será gratificante. Es gratificante ofrecer tu *ikigai*.

Servir, crear, deleitar, alimentar, proveer, enseñar y sanar, todo ello es un *ikigai* que puede ayudar a los demás de infinitas maneras. Ofrece tu *ikigai* de formas creativas y recibe las recompensas.

En 2013, Robi Garritty tuvo un sueño. Soñó que reunía a un grupo de familiares, amigos y colegas, y los invitaba a la República Dominicana para construir casas. Robi cuida de la gente. Su *ikigai* es *cuidar de las personas*.

Robi puso en marcha un viaje anual a la República Dominicana para ayudar a familias a obtener viviendas confiables por primera vez en su vida. Se construirían con bloques de hormigón y los tejados serían de madera y hojalata. Cada casa tendría agua corriente y un baño. Aunque esas viviendas parecían muy simples comparadas con los estándares de Estados Unidos, para las familias que las recibían eran como mansiones.

Durante cinco años, Robi invitó a gente a la República Dominicana para construir casas. Los días eran largos. El clima era caluroso y húmedo. Las picaduras de insectos hacían que pareciera que las espinillas de los voluntarios hubieran sido perforadas con tenedores. Sin embargo, Robi y los voluntarios se sentían felices. Robi utilizó su *ikigai* organizador para hacer que el viaje y el trabajo funcionaran como un reloj suizo. Los equipos estaban muy contentos haciendo el trabajo. Muchas de las personas que estaban construyendo las casas también eran constructores en su país. Empleaban sus habilidades y su *ikigai* para levantar viviendas mediante la donación de su tiempo. Dadas las condiciones difíciles del entorno, construir casas fue una de las experiencias más gratificantes que habían tenido en su vida.

El *ikigai* de Robi le permite cuidar de algunas familias dominicanas de la misma manera en que cuida de la suya y de sus amigos en su país. Además, también cuida de los voluntarios. Cuidar de las personas tiene una multitud de posibilidades. Robi se ocupa de sus padres y de sus nietos. Cuando tenía un negocio se hacía cargo de sus empleados. Si conoces a alguien como Robi, sabes lo que es sentir que cuidan de ti.

Cuando Robi tuvo un sueño, invitó a familiares y amigos a formar parte de él. Utilizó su *ikigai* para llevarlo a cabo. En los cinco años en los que se dedicó a organizar viajes para construir casas en la República Dominicana, sus equipos erigieron cientos de viviendas para unas familias muy agradecidas. Ahora tienen unas casas sólidas, seguras y limpias para el resto de sus vidas. Y todo eso ocurrió gracias al *ikigai*.

Las personas que participan en actividades como éstas te dirán que se sienten agradecidas por haber sido incluidas. Las recompensas del *ikigai* son indescriptibles y serán recuerdos importantes de una vida bien vivida. Crea una actividad paralela útil y podrás verlo con tus propios ojos.

El *ikigai* de cada día en el trabajo

Cuando empiezas a buscar en los listados de empleos de LinkedIn, lo primero que hacen es ponerte a trabajar. Te piden una lista completa de los lugares en los que estarías dispuesto a trabajar y el tipo de empleo que te interesa. Tienes que indicar si estás interesado en un trabajo a tiempo parcial, a tiempo completo, informal, remoto, o por contrato. Luego debes completar una lista de las industrias que prefieres.

Como si fuera magia, LinkedIn confecciona una lista de varios trabajos que entran en las categorías que uno ha solicitado. En la parte superior de los resultados de la búsqueda hay una lista de empleos que a uno le pueden interesar, acompañada de los logos de las empresas y prestigiosos títulos.

Justo en el centro de la página, verás una foto tuya. Es un anuncio específicamente dirigido a ti. Ahí estás tú, en la parte más visible de la pantalla y, directamente debajo de la foto, pone: «Ver empleos en los que serías un candidato destacado». LinkedIn quiere que te apuntes a su servicio premium. Si lo haces, ellos te prometen que tendrás acceso a lo mejor de la página. ¿Pero es eso verdad?

 El *jobcrafting* introduce tu *ikigai* en tu trabajo.

Las descripciones de puestos de trabajo son estériles y frías. Son listas de las tareas que se te pedirá que hagas a cambio de dinero. Si consigues el empleo, se te pide que hagas un número x de tareas cada semana. ¿Cuántas veces has visto una lista de tareas y leído los requerimientos del puesto y has pensado: «¡Esto definitivamente no es para mí!», y has buscado otra cosa? Podrías tan sólo presentarte como candidato a un empleo si te parece interesante. Si lo consigues, podrías empezar a rediseñar tu puesto de trabajo.

El *jobcrafting* consiste en realizar modificaciones en tu empleo que produzcan cambios positivos tanto para ti como para tu empleador. Diseñas tu propio trabajo con el propósito de asegurarte de que usas tu tiempo de una forma efectiva en los roles clave de los que eres responsable y, además, incluyes tareas que son significativas para ti. El *jobrafting* introduce tu *ikigai* en tu empleo. Aumenta tu satisfacción, tu compromiso, tu determinación y tu bienestar en tu trabajo. Y lo mejor es que, cuando funciona, es bueno para ti y para tu empleador.

Los estudios muestran que el *jobcrafting* es una tendencia que va en aumento, que tiene importantes consecuencias tanto para los empleados como para los empleadores. También es cierto que hay algunas situaciones en las que el *jobcrafting* es unilateral y debe reducirse. En definitiva, un diseño del trabajo bien ejecutado proporciona un punto medio para todos los implicados durante largos períodos de tiempo.

Cada mañana, cuando Angela Knight se pone detrás del volante de su coche para ir a su trabajo, sabe que el tráfico no va a ser un problema. Aunque Angela vive en una ciudad con mucho movimiento, el trayecto al trabajo suele ser tranquilo. Comienza a aproximadamente las 4:30 de la mañana, y Angela llega a la oficina en unos 15 minutos.

La descripción oficial del trabajo de Angela es copresentadora / reportera de tráfico para la CBC Radio One en Calgary. Ella es una experta conversadora y una embajadora cálida y amable de la CBC. Aporta una visión juiciosa de los temas del día y da noticias del tráfico actualizadas durante el trayecto hacia el trabajo para los oyentes que podrían necesitar un poco de ayuda para llegar a la oficina. Además, Angela es una persona que rediseña su trabajo.

Trabajé con Angela durante diez años en la CBC Calgary. Lo que me inspiraba una y otra vez sobre su forma de realizar su trabajo era que tenía un punto de vista único acerca de su papel. Me daba la impresión de que estaba ahí para ayudar a la gente. Ciertamente, sus deberes como copresentadora y reportera del tráfico estaban en la descripción del trabajo, pero Angela acudía cada día para hacer que Calgary fuera un lugar mejor. Siempre la admiraré por eso.

Un día, en la CBC, estaba realizando mi recorrido diario por las oficinas para saludar a mis amigos y ponerme al día sobre lo que estaba ocurriendo. Angela tenía su mesa en el epicentro de la oficina. Cualquiera que fuera a la CBC tenía que pasar junto a la mesa de Angela. Ella sentía que su ubicación era la mejor del lugar.

Cuando me acerqué a Angela ese día, ella levantó la mirada y me preguntó: «¿Qué nombre le podríamos poner al grupo de voluntarios de la CBC?». Las primeras palabras que salieron de mi boca fueron: «Llámalo el *Do Crew* ("el Equipo del Hacer")». Ella de inmediato estuvo de acuerdo en que a partir de ese momento su grupo de voluntarios se llamaría el *Do Crew* de la CBC.

Aunque eso no formaba parte del trabajo que le habían asignado, Angela había utilizado su tiempo en el programa de la mañana para reunir a un grupo de voluntarios en Calgary. Había llevado a los voluntarios a pintar paredes, ayudar con las campañas de recogida de libros y trabajar en centros para mujeres necesitadas. No son pocas las causas a las que el *Do Crew* de la CBC puede ayudar en la comunidad.

¿Qué tiene que ver regalar agua en una maratón o clasificar comida en el Banco de Alimentos de Calgary con ser una copresentadora / reportera de tráfico en la CBC? Nada, según la descripción del puesto de trabajo. Lo que Angela ha hecho con el *Do Crew* es rediseñar un rol que es gratificante para ella y beneficioso para la CBC y la comunidad. Angela es una persona con un gran corazón a la que le encanta ayudar a la gente. Al darse cuenta de que el voluntariado era algo que podía incluir en su trabajo todos los días, está incorporando su *ikigai* en su empleo a diario.

Do Crew se ha convertido en una parte importante del cometido de la CBC en Calgary. Ha tenido tanto éxito que otra de las ramas de la CBC en Canadá lo ha adoptado. ¡Hay equipos de *Do Crew* en Montreal, Nueva Escocia y la isla Prince Edward! El rediseño de trabajo que Angela Knight ha realizado en colaboración con sus empleadores se ha convertido en un beneficio para miles de personas.

CÓMO REDISEÑAR TU EMPLEO

El *jobcrafting* es un enfoque proactivo para adaptar tu empleo a un trabajo significativo.

Cómo rediseñar tu empleo

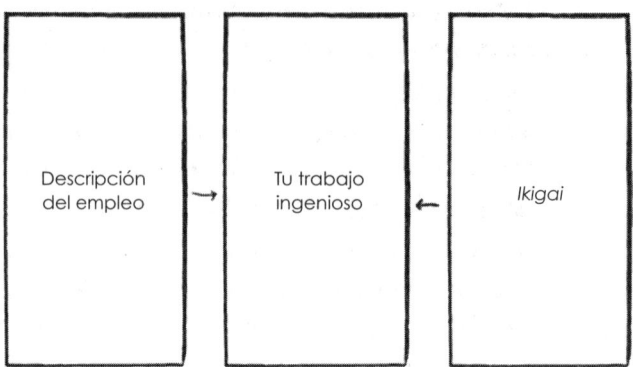

 Tsutomu redujo drásticamente la típica descripción de empleo para un propietario de un restaurante. Se enfocó tan sólo en preparar arroz.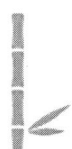

El *jobcrafting* no es sólo un enfoque del trabajo que uno hace con sus empleadores; también es una herramienta que ha sido utilizada siempre por los empresarios. En 1963, Tsutomu Murashima y su esposa abrieron un restaurante llamado Ginshariya Gekotei en Sakai, Japón. La descripción de empleo, tal como la entienden muchos propietarios de restaurantes, suele incluir cocinar, barrer, contabilidad, recursos humanos, fontanería y cualquier otra tarea que sea necesaria para mantener el negocio a flote. Tsutomu redujo drásticamente la típica descripción de empleo para un propietario de restaurante. Se enfocó tan sólo en preparar arroz. Su mujer asumió todas las demás tareas de la cocina del restaurante. Durante cincuenta años, Tsutomu ha puesto el despertador a las cuatro de la mañana para levantarse junto a su esposa para ir a su restaurante. Una vez allí, comienza a preparar arroz.

El primer paso consiste en lavar el arroz. Tsutomu introduce una porción predeterminada en un balde grande en un lado del fregadero de la cocina. En el otro lado tiene un balde pequeño que está colocado debajo de un grifo de agua fría abierto.

La clave para lavar el arroz es hacerlo con rapidez. El primer paso consiste en enjuagar el arroz para eliminar el almidón residual. Tsutomu vierte con celeridad un balde de agua sobre el arroz seco y coloca el balde vacío debajo del chorro de agua. Remueve el arroz rápidamente dos o tres veces con la mano y luego desecha el agua turbia por el fregadero. Practica este enjuague dos veces. En total dedica tan sólo veinte segundos enjuagar el arroz.

El siguiente paso es lavarlo. Con el agua que queda en el arroz, Tsutomu introduce la mano con los dedos abiertos como una garra. En este paso es más agresivo. Frota el arroz con movimientos circulares y cuenta treinta ciclos.

Luego, utilizando más agua del balde, enjuaga el arroz rápidamente y vuelve a verter agua. Tsutomu lava el arroz tres veces o más, dependiendo de lo que sienta y vea después de los enjuagues.

Cuando el arroz ya es visible, con el agua solo ligeramente turbia, ya se puede cocinar. El método de Tsutomu se basa en que el arroz se cuece comenzando a fuego lento para luego subirlo a mitad del proceso de cocción.

Con independencia de lo que Tsutomu hace con el arroz, funciona. A lo largo de décadas, la comida de su restaurante, y especialmente su arroz, ha sido celebrada por su exquisitez. Tsutomu se ha ganado el apodo de El mago del arroz entre la gente de Sakai. Se toma tan en serio la preparación del arroz que el Gobierno de China le ha pedido que ejerza de embajador del arroz para su país.

El trabajo que Tsutomu realiza todos los días nunca podría describirse en una descripción de empleo si deseara contratar a un aprendiz. Él encuentra alegría, significado, satisfacción y aprecio por el arroz que prepara cada día. El rediseño de su trabajo no se basó en añadir tareas a su carga laboral para recibir recompensas. En su lugar, eliminó una serie de tareas del restaurante para centrarse en aquello que considera importante para él y para sus clientes.

Capítulo diez

Ponte la bata blanca

Comienza tu investigación basada en el tema del medio *ikigai*. Para llegar a una conclusión deberás trabajar con dos preguntas:

1. ¿Qué es lo que amo?
2. ¿Qué es lo que se me da bien?

Tu objetivo es encontrar respuestas con las que te sientas cómodo. Tus respuestas serán únicas para ti. A lo largo de la investigación, acuérdate de divertirte y buscar maneras de pasarlo bien. Aunque llevas a cabo una investigación, lo más importante es que seas fiel a tu misión general: el *ikigai* (saber por qué te levantas por la mañana).

 Si existe una biblioteca secreta de información sobre ti en algún lugar del mundo, se encuentra guardada en las mentes de las personas con las que más conectas.

Haz entrevistas

La investigación sobre el *ikigai* requiere autorreflexión e introspección. Eso no significa que tengas que estar dentro de tu cabeza todo el tiempo. Antes bien, significa lo contrario. Apóyate en tu familia y en tus amigos. Cuando se trata de autorrealizarte, las personas que te conocen mejor son las que querrán ayudarte a tener éxito en la vida. Ellas ven en qué destacas y cuáles son tus dificultades en la vida. Si existe una biblioteca secreta de información sobre ti en algún lugar del mundo, siéndose encuentra guardada en las mentes de las personas con las que más conectas. *Las personas que más te quieren suelen ser tus mejores maestras.*

Planea quedar con las personas en las que más confías para que puedas tener conversaciones significativas sobre el *ikigai* con ellas. Elige el lugar donde te encuentres con ellas. Considera quedar en un sitio en el que te sientas seguro para hablar de ti. ¿Te decantarás por un bar o un café? ¿Las invitarás a tu casa o les pedirás que te inviten a la suya?

Explícales qué es el *ikigai*. Cuéntales que estás comenzando a descubrir cuál es tu *ikigai* y que quieres saber más sobre tu vida y quién eres. Tienen que entender el proceso por el que estás pasando y apoyarte. Hazles dos preguntas:

1. ¿Qué es lo que se me da bien?
2. ¿Qué es lo que me encanta hacer?

Es muy probable que escuches muchas cosas sobre ti que ya sabes; sin embargo, también es probable que oigas muchas cosas que no sabías. Tu misión es escuchar y recabar información.

Te recomiendo que lleves contigo un cuaderno de *ikigai* especial o que utilices tu teléfono para anotar lo que escuches. Si tu amigo o amiga se siente cómodo con ello, incluso puedes grabar la conversación.

Explícales cuáles crees que son tus respuestas para tu medio *ikigai*. Es posible que estén de acuerdo contigo, o no, pero de cualquier manera probablemente tendrán información valiosa que compartir.

Queda con todas las personas con las que sientas que debes hacerlo. Tienes diversos amigos y familiares que te ven de maneras distintas. Todos ellos verán un tema en relación a lo que amas y lo que se te da bien. Tú tendrás que ver el hilo conductor que lo une todo.

Importante: redacta una sinopsis de lo que has aprendido y lo que crees. Esas pistas serán la base de tu investigación.

Investiga

A partir de lo que tus maestros y tú habéis hablado, ahora se inicia tu investigación independiente. ¿Qué aprendiste acerca de lo que se te da bien y lo que amas? Hay un mundo de información acerca de lo que hablasteis.

Los caminos que puedes seguir son ilimitados. *Busca información en Internet, en librerías y en bibliotecas.* Investigar implica reunir una amplia variedad de fuentes que te ayuden a aclarar cuál es tu *ikigai*. Buscas información que resuene contigo. Si eso implica leer ensayos científicos repletos de estadísticas y palabras pretenciosas, que así sea. Por otro lado, si lo que te aporta más son las infografías y los vídeos de YouTube, entonces utilízalos.

Estás investigando para poder profundizar en la acción de tu *ikigai*.

EL MÉTODO GOOGLE KEEP

Hoy en día, aparentemente, todas las personas en el mundo entero disponen de un teléfono inteligente. Para tomar mejores notas sobre ti y tu investigación, abre una cuenta en Google Keep. Cada vez que tengas una pregunta o encuentres alguna información que quieras analizar más a fondo, crea una nueva nota. Es como tener a tu disposición las veinticuatro horas del día, los siete días de la semana, a alguien que te guarda tus pensamientos.

Tendrás acceso a tus notas en tu teléfono, tu ordenador y tu tableta a cualquier hora del día, así que no hay forma de que no puedas configurar o revisar tus notas cuando lo necesites. Incluso tendrás acceso a tus notas sin estar conectado a Internet.

Anota las cosas que despierten tu curiosidad. Guarda los enlaces a los artículos que te animan y hacen que sientas entusiasmo por la vida. Si se te ocurre una gran idea, crea una nueva nota. Cuando consideres que tienes un nuevo objetivo, asegúrate de documentarlo y realizar un seguimiento.

El propósito de tomar notas en el *ikigai* es el mismo que en una clase o en una reunión. Tus notas son un registro de información importante y te ayudarán a tener más claridad en el futuro.

Los estudios muestran que tomar notas ayuda a los estudiantes a parafrasear, conceptualizar y resumir ideas. De eso se tratan tus primeros pasos en el *ikigai*; tratas de entender mejor qué es lo que amas hacer y qué se te da bien.

Experimenta

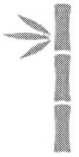 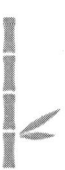

Tú decidirás qué experimentos llevarás a cabo.

Al igual que cualquier proyecto de investigación que se precie, los experimentos son esenciales para llegar a comprender claramente qué es lo que funciona y qué es lo que no funciona en tu *ikigai*.

Tú decidirás qué experimentos llevarás a cabo. Tus entrevistas y tu investigación te conducirán a ideas que querrás desarrollar. La clave de tus experimentos consiste en probar lo que tus maestros y tu investigación te han ayudado a descubrir sobre ti.

Éste es el momento de jugar, no de trabajar. Si sientes que tus experimentos te supondrán un dolor de cabeza, entonces has apuntado al blanco equivocado. Prueba otra cosa.

Tus experimentos tienen el objeto de proporcionarte pequeñas alegrías. No son experimentos en los que montas escenarios complicados con cámaras, encuestas, etc. Tus experimentos son simplemente maneras de volver a ser tú.

Una o dos pequeñas alegrías cada día acabarán convirtiéndose en una vida entera llena de alegría.

Estás recabando información acerca de lo que te hace vibrar. Estás tratando de volver a sentir lo que sentías en tu infancia. ¿Recuerdas esos días sin preocupaciones en tu niñez? Tus días constaban de antojos y fantasía, minuto a minuto. Tu única misión cada día era divertirte lo máximo posible. Estos experimentos tienen la finalidad de ayudarte a experimentar ese sentimiento otra vez.

Confecciona una lista de las cosas que se te dan bien. Esta lista no tiene ninguna norma. Es sólo una lista de las cosas en las que sabes que destacas. Tu lista puede incluir cualquier cosa. La mía incluye lo siguiente:

Preparar la cena del domingo
Cantar
Contar chistes
Ser amigable
Hacer amigos
Divertirme con niños
Preparar café
Hacer barbacoas
Ser anfitrión de programas de radio
Amar a mis hijos
Conducir con prudencia
Escribir cuentos cortos
Investigar temas que me interesan
Pasar el rato con amigos
Aprender cosas sobre mí

Si estuviera buscando mi *ikigai*, empezaría profundizando en mi lista de cosas. Por ejemplo, soy bueno preparando cenas dominicales.

Un experimento que he probado recientemente es cocinar un poco a lo largo del día y no dejarlo todo para última hora antes de la cena. Aprendí que es bastante relajante poner a hervir las patatas a las cuatro y media de la tarde. Ésa es una de las pequeñas tareas que puedo realizar en uno o dos minutos. También aprendí que es divertido ir a comprar comida para la cena del domingo por la mañana en lugar de hacerlo por la tarde. Los supermercados no están tan llenos por la mañana y puedo tomarme mi tiempo.

 Busca el hilo que conecta tus fortalezas.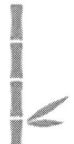

Mis experimentos con la preparación de la cena dominical tenían que ver con encontrar pequeñas alegrías. Un día en el que tengo un puñado de pequeñas alegrías es un gran día. Estoy seguro de que es mucho mejor que un día que tenga un puñado de cosas malas que te ocurran a lo largo del día.

Siéntate y revisa tu lista de las cosas que se te dan bien. Busca un hilo que conecte todas tus fortalezas. En mi caso, el hilo que lo une todo es que la mayoría de las cosas que se me dan bien incluye a otras personas. Más importante aún: mi lista de fortalezas tiene su origen en hacer feliz a la gente. Mi *ikigai* es deleitar. Mis días más llenos de *ikigai* se basan en la oportunidad de transmitir alegría al mundo y recibir alegría a cambio. La acción de deleitar es el motivo por el que me levanto por las mañanas. Tu *ikigai* también será una acción. Será el motivo por el cual te levantas cada mañana.

La razón por la que experimentas y elaboras listas (y lees este libro) es porque quieres conocerte mejor. La información que reúnas con tu investigación será una herramienta valiosa cuando pases a la siguiente etapa de tu *ikigai*. Trabajas para llegar a una conclusión. Buscas una respuesta. Esta investigación va a ser una gran parte del siguiente paso en el descubrimiento de tu *ikigai*.

Te estás embarcando en un importante viaje de autodescubrimiento. No se espera que lo hagas solo. Como he mencionado en el capítulo 5, realmente vale la pena buscar la ayuda de un psicólogo profesional. Ten en cuenta que no es que te esté ocurriendo nada malo. Una visita al psicólogo no implica que haya algo malo en ti que hay que reparar. Si le hablas a tu psicólogo sobre tu misión de hallar tu *ikigai*, tendrá muchísima información valiosa que compartir contigo.

Un psicólogo te hará preguntas que te ayudarán a profundizar en tu subconsciente. Te conducirá a respuestas que no sabías que tenías. Tu verdadero yo emergerá con la ayuda de las sesiones de terapia. No tengas miedo de pedir ayuda a un profesional que quiera que tengas éxito y tenga la experiencia necesaria para ayudarte.

Presenta tus hallazgos

Los amigos y familiares con los que hablaste primero sobre tu *ikigai* serán también las personas a las que les presentarás tus hallazgos. Este proyecto de investigación está entrando en un capítulo completamente nuevo. Al explicar a tus maestros lo que has descubierto, estás abriéndote a una crítica constructiva.

Organiza un momento para reunirte con tus amigos y familiares para poder hacerles una presentación breve sobre tus hallazgos. Tendrá que ser en un lugar en el que las personas que te apoyan te puedan oír y tú también los puedas escuchar cuando hagan sus comentarios.

Probablemente ahora estarás entrando en pánico ante la idea de presentar tus hallazgos. Es del todo natural estar nervioso. Estás a punto de compartir una información muy personal sobre quién eres en realidad. Es comprensible que estés nervioso. Relájate y entiende que las personas más amorosas en tu vida van a ser el mejor y más alentador público ante el que podrías hablar.

Empieza tu presentación diciendo algo así: «Os he reunido aquí hoy para compartir con vosotros algunos detalles fascinantes que he descubierto hace poco sobre mí. Como sabéis, he estado buscando mi *ikigai*, mi valor en la vida. Siento que es importante para mí entender qué es lo que hace que mi vida sea significativa. En los últimos días / semanas / meses he estado hablando con mis maestros más alentadores (tu público). Incluso he buscado la ayuda de un psicólogo profesional (si es así, explica tu experiencia). Me habéis ayudado a reunir muchas ideas y pensamientos que necesitaban ser investigados en más profundidad. Por lo tanto, he continuado con investigando y he aprendido mucho sobre mí.

Una parte clave de este ejercicio consiste en escuchar los comentarios.

La investigación que he realizado es interesante y ha merecido la pena. Entonces, me gustaría compartirlo con vosotros y recibir más comentarios».

Presenta tus hallazgos a tu público. Háblales de tu lista de fortalezas. Dales una lista de las cosas que te encanta hacer. Muéstrales qué es lo que se te da bien. Si es posible hacer una demostración de aquello que se te da bien y que amas, hazlo. Tus maestros quedarán muy impresionados de que hayas llevado tu presentación tan lejos.

Una parte clave de este ejercicio consiste en escuchar los comentarios sobre lo que has descubierto en tu investigación y llevar tus hallazgos aún más lejos. Si tu gente tiene más ideas que puedes aplicar, entonces anótalas e intenta que se hagan realidad.

Con el tiempo llegarás a una conclusión. Habrás llegado a una acción corta que es tu *ikigai*.

Tu conclusión = *ikigai* completo

El *ikigai* completo es una acción que tiene un beneficio universal.

Tu *ikigai* es una acción. Tu *ikigai* se resumirá en una frase que tendrá absoluto sentido para ti y sólo para ti. Aunque no lo creas, incluso después del gran ejercicio de hablar con tus amigos y familiares y presentar tus hallazgos, tu *ikigai* es una conclusión privada. Es tu decisión si quieres hablar de ello con otra persona.

El *ikigai* completo es una acción que tiene un beneficio universal. Tu *ikigai* completo te brinda beneficios a ti y al mundo que te rodea. Con tu *ikigai*, haces un servicio a los demás, pero sientes las recompensas de hacerlo.

El *ikigai* completo es un ciclo de dones. Por lo tanto, la conclusión a la que llegues incluirá ramificaciones para ti y para el mundo. Cuando despiertes por la mañana, tu *ikigai* te hará bien a ti y a todas las personas que entren en contacto con él. En un mundo perfecto, tu *ikigai* le hará un bien al mundo porque tú estás en él.

Tu *ikigai* es una frase que indica una *acción*... Éste es un paquete inicial de términos de *ikigai*:

Servir
Crear
Deleitar
Sustentar
Proporcionar
Enseñar
Sanar
Construir
Unir
Conectar

Comunicar
Hacer
Comenzar
Ayudar
Creer
Incluir
Continuar
Hablar
Ofrecer
Recordar
Esperar

 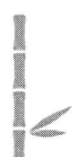 Tu investigación puede empezar con algo que despierte tu curiosidad, o incluso con algo que hayas leído en este libro.

Si hay un *ikigai* en esa lista que resuena contigo, sigue por ese camino. Tu investigación puede empezar con algo que despierte tu curiosidad, o incluso con algo que hayas leído en este libro. Pero es sumamente valioso dar seguimiento a las ideas o a los momentos que captan tu atención, incluso durante un segundo. Como un maestro de kárate de cinturón negro nunca dejarás de aprender. Continuarás aprendiendo durante el resto de tu vida. Quién sabe, quizás también continúes aprendiendo después de esta vida.

El ikigai completo tiene un poder que no se parece a ninguna otra cosa en la vida. Es una gran oportunidad para seguir una estrella polar cada día. Te da seguridad en ti mismo en tus actividades diarias. Tu razón para levantarte cada mañana es evidente. Tu trabajo para el día es obvio. Sabes que puedes ser tú mismo. Cuando manifiestas tu ikigai completo, es evidente para ti y para cualquiera que esté cerca de ti.

Es muy probable que en tu vida hayas conocido a personas que irradian su *ikigai* cuando estás cerca de ellas. Están a gusto consigo mismas sin hacer ningún esfuerzo. Llámalo seguridad en sí mismas o satisfacción. Cuando el *ikigai* completo está presente, uno lo siente. En una ocasión lo sentí en un hombre al que no conocía. Irradiaba su *ikigai* como los resplandecientes y cálidos rayos del sol. Todos podían sentirlo en su presencia.

Esto ocurrió en el mejor concierto al que he asistido jamás. Fue en el concierto de Leonard Coen en Calgary cuando tenía setenta y ocho años. Me pidieron que presentara a Leonard Cohen al público en nombre de la CBC Radio 2. De no haber sido por esa invitación, no hubiera asistido a ese espectáculo esa noche. No hubiera visto la actuación más generosa de mi vida. No hubiera sentido de primera mano la energía de Leonard Cohen. Estoy muy agradecido por el regalo que esa noche apareció en mi vida.

Cuando el *ikigai* completo está de manera presente uno lo siente.

La banda de Leonard Cohen subió al escenario primero, vestida de negro de pies a cabeza y con sombreros de fieltro a juego. Los hombres iban ataviados con trajes negros y las mujeres llevaban puestos unos vestidos del mismo color. El escenario estaba muy bien montado, organizado y ordenado. La iluminación era de un tono cálido. En esa época yo no era fan de Leonard Cohen. Había escuchado parte de su música en el pasado, pero no era un seguidor fiel.

Entonces Leonard subió al escenario. Con un salto apareció bajo los focos, sin ninguna presentación, como un niño feliz de camino a casa de un amigo una tarde de domingo. Su entusiasmo era glorioso. En cuestión de segundos, convirtió a la multitud que estaba en la arena en creyentes. En ese momento me convertí en un fan de Leonard Cohen.

A lo largo de la noche, entre canciones, Leonard fue contando algunas pequeñas historias sobre su fascinante vida. Cada una era una diminuta lección de vida que entró en mi cerebro para ser examinada con más detenimiento. Leonard bromeó que estaba planeando empezar a fumar otra vez cuando cumpliera ochenta años. (Cumplió su palabra. En su octogésimo cumpleaños disfrutó de un cigarrillo bajo el sol delante de un cartel de «No fumar»).

Durante su actuación, a lo largo del concierto, se arrodillaba en el borde del escenario, cantando suavemente al micrófono con su voz potente y grave. Cuando cada canción llegaba al interludio musical en el que sus músicos tocaban solos, Leonard se ponía de pie y regresaba junto a ellos. Se quitaba el sombrero y dirigía toda su atención a ellos. Fue la actuación musical más generosa que he visto jamás. Leonard Cohen me conmovió con sus gestos a lo largo de la noche. Era como estar en presencia de un maestro. Escuché y observé cada gesto con atención.

Leonard contó la conmovedora historia de cómo, en una ocasión, su *manager* le robó. Esto se produjo cuando estaba viviendo como monje ordenado en un monasterio zen en el monte Baldy, en California. Leonard había estado de gira a principios de la década de 1990 y había sentido la necesidad de recibir una mayor perspectiva sobre su vida de su maestro Kyozan Joshu Sasaki. Sasaki dirigía un monasterio en un lugar que antes había sido un campo para Boy Scouts en las montañas. Si Leonard realmente deseaba aprender de Sasaki, debía raparse la cabeza y convertirse en un monje budista ordenado. Y eso fue lo que hizo.

 Cuando aprendes a meditar, comprendes que, a menudo, los pensamientos son tan sólo miedos injustificados que no tienen relación con el momento en el que te encuentras.

Durante cinco años, Leonard vivió como un monje. Aprendió a meditar y a cocinar. Cuando nevaba, buscaba una pala de nieve y despejaba los caminos. Aprendió muchas lecciones de Sasaki. Cuando ya llevaba cinco años siendo monje, consideró que ya se había cerrado un círculo en su vida. Entonces abandonó el monasterio y regresó a su vida habitual. Fue entonces cuando se enteró de que no le quedaba dinero. Eso no lo hizo nada feliz. Por suerte, había aprendido una valiosa lección sobre la vida en el monasterio. La resumió diciendo: «La primera y más apreciable lección es dejar de quejarte». Y entonces comenzó a trabajar para volver a construir una carrera musical.

Creo sinceramente que el *ikigai* de Leonard Cohen era aprender de sus defectos. Él reconocía que era un hombre imperfecto y veía sus defectos como oportunidades para aprender. Pero esa primera lección de «dejar de quejarte» es genial. Cuando crezca quiero ser Leonard Cohen.

Una parte importante de la lección de dejar de quejarte provenía de la meditación. Cuando aprendes a meditar, comprendes que, a menudo, los pensamientos son tan sólo miedos injustificados que no tienen relación con el momento en el que te encuentras. La meditación te ayuda a controlar los pensamientos y a verlos por lo que son: momentáneos e inofensivos. Cuando meditas, situaciones del día a día como el tráfico, los días lluviosos y los compañeros de trabajo irritantes se convierten en cosas que uno percibe y que deja atrás, nada más. La meditación de atención plena es una herramienta que puede ayudarte a entender y abrazar tu *ikigai*.

Capítulo once

Llegar al *ikigai* a través de la meditación

La meditación de atención plena (*mindfulness*) es la técnica más maravillosa que te puedes enseñar a ti mismo y practicar. De todas las cosas que he aprendido en la vida, puedo decir sinceramente que la meditación es el mejor regalo que me he hecho a mí mismo. Me encanta porque por fin tengo el control sobre mi ajetreada mente.

La meditación es una forma de ser consciente de que la mente es un lugar con mucho ajetreo y luego hacer algo al respecto. Lo único que tienes que es necesario es percibirlo y luego seguir adelante. Si alguna vez has estado en una sala de espera con la única compañía de tus pensamientos, sabrás que tu cerebro es un zoológico salvaje lleno de monos fumando y tomando café. ¿De dónde proceden todos esos pensamientos? En un momento dado puedes pensar en los pagos de tu coche y al poco tiempo estresarte por la cena que estás planeando para el fin de semana. Luego, de repente, empiezas a pensar en un sacapuntas. ¿Qué diablos? Un cerebro ajetreado es un lugar extraño en el que podemos quedarnos atascados durante largos períodos de tiempo. Pero nos hemos acostumbrado a ello.

La meditación le proporciona a tu cerebro el descanso que necesita.

Según los estudios, la persona promedio tiene unos veinte mil pensamientos al día. Su frecuencia es como el caos de un sábado por la tarde en un centro comercial la semana anterior a la Navidad. Tu cerebro está atascado en el pandemonio cada minuto que estás despierto. Tienes un cerebro muy ajetreado en tu cráneo. Le vendría bien tener descansos con regularidad.

La meditación le proporciona a tu cerebro el descanso que necesita. Mientras estás sentado meditando tranquilamente, concentrándote en contar tus respiraciones, tu cerebro deja de procesar tanta información. Aunque no deja de hacerlo del todo. Tan sólo le estás dando la oportunidad de relajarse. En lugar de estar una y otra vez pedaleando cuesta arriba, le estás dando la oportunidad de ir cuesta abajo. Imagínate lo bien que podrías sentirte en tu cabeza en este momento.

La meditación te ayuda a notar cuándo los pensamientos entran en tu cabeza.

Con la meditación, simplemente percibes los pensamientos que aparecen en tu mente. En lugar de concéntrate en ellos, los ves como lo que son: parte de una mente ajetreada. La meditación te ayuda a notar cuándo los pensamientos entran en tu cabeza. Cuando lo hacen, los ahuyentas con cuidado, volviendo a centrar tu atención en la tarea más serena de contar tus respiraciones del uno al diez.

No puedes realizar tu *ikigai* si tu mente está ocupada haciendo un millón de cosas diferentes. Tienes que concentrarte sólo en tu *ikigai* durante ciertos períodos de tiempo. El espíritu del *ikigai* consiste en realizar aquello para lo que has nacido. No puedes ser jardinero y cuidar del jardín si estás cortando el césped, pintando la casa, reparando el coche, colocando tejas en el techo, limpiando la casa, reorganizando los muebles y fregando los platos porque van a venir unas personas a ver tu jardín. Ninguna de esas cosas contribuye a tu *ikigai*. Sólo ocúpate del jardín. Todo lo demás es ruido.

Meditación con un teléfono inteligente

Siempre recordaré la primera vez que medité. Fue una experiencia liberadora y profunda que permanecerá vívida en mi memoria para siempre. A mi mujer y a mí nos regalaron un alquiler de fin de semana en Canmore, Alberta, un pequeño pueblo en las Montañas Rocosas, en las afueras del Parque Nacional Banff. Canmore es un pueblecito con mucho encanto, rodeado de naturaleza y unas enormes montañas escarpadas.

Elegimos ir un fin de semana de enero para llevar a unos amigos a esquiar. Yo decidí no esquiar durante ese viaje. En ese momento no tenía ganas de hacerlo, pero me interesaba probar una nueva aplicación de meditación.

El lugar en el que nos alojamos era una casa antigua cerca del centro del pueblo. El interior de la casa tenía el aire de un «antiguo» refugio de montaña suizo, con paredes blancas rústicas, suelos de madera y el olor a humedad de las construcciones antiguas. La primera noche jugamos a algunos juegos de mesa y nos acostamos temprano.

Por la mañana, los esquiadores del grupo reunieron todos sus equipos y se dirigieron a las montañas para pasar el día. Yo me quedé con mi amigo Kent Rupert, quien normalmente esquía, pero en este viaje estaba recuperándose de una lesión. Estábamos disfrutando de nuestra segunda taza de café fuerte, cuando decidí que era el momento de excusarme. Subí al piso de arriba para meditar.

En los teléfonos inteligentes hay muchas aplicaciones que te enseñan a meditar. Escogí una *app* sobre la que había investigado a fondo en Internet, llamada Headspace. Headspace prometía lecciones de meditación guiada para empezar el proceso. Me puse mis auriculares y abrí la aplicación.

La persona que guía la meditación en Headspace es un hombre entendido con una voz calmada llamado Andy Puddicombe. Andy es un experto en meditación y un orador profesional que entiende la energía sutil y única de las meditaciones guiadas. La meditación para principiantes que elegí para comenzar tiene una duración de diez minutos. Presioné el botón de inicio y seguí con atención las indicaciones de Andy. Habló de cómo sentarte y relajarte. Me guio hacia una suave concentración con mis ojos y luego me indicó que los cerrara. Entonces, con calma, me hizo respirar y concentrarme en la respiración.

Los diez minutos se esfumaron sin ningún esfuerzo. Mientras Andy me guiaba para salir de mi primera meditación, abrí los ojos y escuché con atención su epílogo. Sus instrucciones fueron que prestara atención a cada ocasión en la que me pusiera de pie hasta la siguiente sesión. Que simplemente observara lo que se siente al ponerte de pie, y que tomara nota de ello en ese momento. Me pareció una petición razonable. Si prestar atención es parte de la experiencia de la meditación, entonces eso es algo que yo podía hacer fácilmente. Me quité los auriculares y me puse de pie. Noté lo que sentía al separar mi trasero de la silla. Sentí cómo los músculos de la parte superior de mis piernas participaban y cómo mi visión cambiaba mientras me movía hacia arriba. Ponerme de pie es una acción que suelo dar por sentada. En esa ocasión fue diferente. La aprecié.

Cogí mi abrigo y me puse algunas capas más para salir a dar una vuelta con Kent. Caminamos por el pueblo durante unas horas. Nunca olvidaré cómo me sentí el resto del día después de la primera meditación. Caminar en el exterior con ese aire frío fue estimulante. Me sentí lleno de energía. Tenía la impresión de que todas las cosas con las que me topaba eran nuevas para mí. Cada vez que me sentaba y me volvía a poner de pie, trataba de prestar atención a las sensaciones de lo que estaba experimentando. Estar de pie me daba una sensación de liberación. Imaginé cómo sería no poder ponerte de pie. Me sentí agradecido. Durante todo el día, el aire olía a más limpio. Los colores eran más vibrantes. Estaba teniendo el mejor día de mi vida.

La sensación de novedad y liviandad perduró durante todo el día. Recuerdo que pensé: «Si esto es lo que la meditación puede lograr, ¡entonces estoy enganchado a ella!». Esperé con ansias la sesión del día siguiente con Headspace. Utilicé la aplicación durante todo el año.

 No necesitas tener un cerebro lleno de ideas para vivir tu *ikigai*.

La meditación ha aportado a millones de personas el beneficio de la *claridad*. La meditación es como un purificador de agua para los pensamientos. Comienzas a meditar y sales de la experiencia con una mente clara. Y una mente clara y despejada es una parte importante de la práctica del *ikigai*.

No necesitas tener un cerebro lleno de ideas para vivir tu *ikigai*. El *ikigai* es intención pura y simple que se convierte en acción. Eso es todo.

Además, la meditación tiene muchos otros beneficios. Reduce el estrés, controla la ansiedad y aumenta la autoconciencia, por nombrar algunos. La meditación mejora la salud mental. Si ésa no es una prescripción para una herramienta que te ayudará a tener una vida con sentido, no puedo imaginar cuál podría ser.

RESPIRACIÓN ABDOMINAL

Puedes meditar en cualquier lugar. Lo único que tienes que hacer es sentarte cómodamente e inspirar y espirar desde el abdomen. La respiración abdominal es algo que haces de una forma natural cuando duermes, así que ya sabes cómo hacerlo. Si no recuerdas cómo respirar desde el abdomen, piensa en cuando te ríes. Los músculos del estómago que utilizas cuando te ríes son los mismos que usas cuando respiras desde el abdomen. Prueba reírte durante un breve instante y usa esos músculos. Ahora inspira y espira de ese modo. Ésa es la respiración abdominal.

Si nos ofrecieran un método para parecernos más a Leonard Cohen, yo sería el primero en ponerme en la cola de espera. Aceptaría mis defectos y buscaría por todo el mundo cómo deshacerme de ellos y crecer. Pero el *ikigai* de Leonard Cohen no es el mío. Y tampoco el tuyo.

Es esencial que cada persona trabaje en su propio *ikigai*. Sigue las directrices. Persevera. Hazlo hoy. Regresa mañana.

La meditación es una herramienta que reestructura tu cerebro para que trabaje de una forma más eficiente. Una mente clara, enfocada y despejada será tu aliado más importante para que perseveres en tu práctica diaria del *ikigai*.

La meditación se está volviendo tan prevalente como tus pantalones de yoga en casa un domingo, y hay muchas maneras de estudiarla y practicarla. Hazte un favor y ponte la meta de probar la meditación durante un mes. Te alegrarás de haberlo hecho.

Capítulo doce

¿Tomarte un año sabático de *ikigai*?

Has oído hablar de los años sabáticos, ¿no es verdad? Un año sabático es cuando un estudiante se toma un año libre después de acabar el instituto antes de decidir qué va a hacer con el resto de su vida. Es la mejor idea de la historia.

Un año sabático puede ser una experiencia liberadora para cualquier persona joven. Le da la oportunidad de abrir las alas. Abre sus mentes a nuevas posibilidades y experiencias. Tomarte un año sabático cuando eres joven te permite viajar y disfrutar de experiencias físicas cuando estás en tu mejor momento. Y se ve bien en tu currículum, especialmente si hiciste un voluntariado durante ese año.

 Un año sabático de *ikigai* es un concepto muy similar al del año sabático habitual. Hay algunas consideraciones adicionales a tener en cuenta, pero la idea básica es la misma.

Un año sabático es un período en el que harás nuevos amigos y nuevas conexiones. Es un período para aprender a través de la experiencia directa. Un año sabático es una excelente oportunidad para convertirte en un ser humano más completo. ¿Cómo es que sólo los jóvenes se toman años sabáticos?

Un año sabático de *ikigai* es un concepto muy similar al del año sabático habitual. Hay algunas consideraciones adicionales a tener en cuenta, pero la idea básica es la misma. La Universidad de Harvard anima a los alumnos a que se tomen un año sabático antes de iniciar sus estudios. Hay muchas razones por las cuales un estudiante podría decidir tomarse un año sabático. Éstas incluyen viajar, tener nuevas experiencias y madurar antes de empezar la universidad. Si es bueno para los estudiantes postergar Harvard durante un año para convertirse en personas más completas, ¿entonces por qué no habría de ser igualmente bueno para ti?

 Finalmente tendrás la oportunidad de hacer lo que quieras con tu tiempo.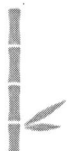

Un año sabático de *ikigai* merece la pena para cualquier adulto que valore el hecho de aprender más sobre sí mismo. Es un año de crecimiento y de nuevos desafíos. Durante un año, te permites ser completamente tú, hacer lo que se te antoje e ir dondequiera que elijas ir. ¿Te parece que eso es algo que te gustaría hacer?

El beneficio supremo que obtendrás de un año sabático de *ikigai* es la riqueza de tiempo. Finalmente tendrás la oportunidad de hacer lo que quieras con tu tiempo. Riqueza de tiempo significa sobre todo que eres rico en tiempo; eliges priorizar tu tiempo por encima del dinero. Haces lo que quieres con tu tiempo, en lugar de hacer lo que crees que se supone que debes hacer con él. Cuando la mayoría de la gente piensa en la jubilación, está pensando en riqueza de tiempo. En la jubilación, tienes todo el tiempo del mundo para hacer lo que quieras. ¿Acaso no es ésa la esencia de la vida después de haberte pasado toda la vida trabajando? Finalmente puedes hacer lo que se te antoje con tu tiempo. El problema de esperar a la jubilación para disponer de nuestra riqueza de tiempo es que existe la posibilidad de que también acabes teniendo problemas de salud. Mi propio suegro pasó mucho tiempo esperando su jubilación para poder hacer lo que quisiera con su tiempo. Unos meses después de jubilarse, se lesionó la espalda y quedó debilitado de una forma u otra durante el resto de su vida. Pobre hombre.

Un año sabático de *ikigai* te proporciona todos los beneficios de la jubilación, con la ventaja añadida de una buena salud. Tener riqueza de tiempo durante todo un año te permite ver el mundo de otra manera. Lo sé por experiencia.

En marzo de 2017, tomé una decisión que afectaría a mi vida para siempre. Decidí tomarme un año sabático de *ikigai*. En esa época yo era el único presentador nacional de un programa de radio de jazz. Disfrutaba de mi carrera de diez años en la CBC Radio 2, pero creí que era el momento de un cambio. Era absolutamente consciente de que tenía un gran trabajo, pero me estaba volviendo obsoleto. Había estado tratando de averiguar si era posible rediseñar mi empleo, pero parecía que nada cuajaba. Para mí era difícil crecer en CBC cuando, a ojos de la dirección, el único trabajo que yo podría realizar era seguir haciendo lo que estaba haciendo. Estaba atrapado en la rutina.

Tener un empleo como presentador en la CBC es como tener un cheque de por vida. La cadena era una emisora increíblemente acogedora en la que trabajar. El ambiente en CBC Calgary, donde yo estaba empleado, era cálido y agradable. La gente que trabaja ahí es culta, bien informada y de mente abierta en su visión del trabajo y de la vida. Ahí disfrutaba de amistades cálidas y conversaciones diarias con mis amigos de la CBC.

Tenía maestros en la radio que revisaban los guiones conmigo para solucionar problemas. Me empujaban para que mejorara mi trabajo, de una forma solidaria y eficaz. Me gustaban los jefes que tenía ahí.

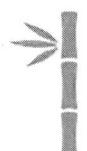

Quería crecer, pero allí no tenía oportunidades.

Pero cuando pedía oportunidades para experimentar con nuevas ideas más allá del jazz, sentía que mis peticiones se veían con confusión y resistencia. Quería crecer, pero allí no tenía oportunidades. Podía elegir continuar con mi vida segura como presentador de la CBC, o podía tirarlo todo por la borda y volver a empezar de cero.

Durante los meses anteriores, tuve muchas conversaciones con mi mujer sobre el cambio. Sí, teníamos una vida cómoda con dos salarios generosos. ¿Cómo sería la vida con sólo un salario durante un tiempo? ¿Podríamos llegar a fin de mes? Mi plan era reducir mi huella en nuestras finanzas al mínimo. Insistí en que podíamos eliminar todas las cosas innecesarias de mi estilo de vida. Ella podría seguir viviendo como estaba acostumbrada a hacerlo. Yo haría los recortes. Ella seguiría como estaba. Ése fue el trato. Además, yo tenía algunos ahorros que servirían de colchón. Mi esposa me apoyó, pero estaba, comprensiblemente, preocupada. Pero yo había decidido que el crecimiento y la libertad eran más importantes que la seguridad. Había decidido que dejaría mi adorado y seguro empleo.

Programé una llamada con los líderes de mi equipo en la CBC para comunicarles mi decisión.

Cuando nos reunimos al teléfono, comenzamos con los saludos amables habituales. Luego tomé las riendas de la llamada. Les dije que no iba a renovar mi contrato anual con la CBC. Había decidido probar algo nuevo que expliqué como el *ikigai*. Tenía la intención de encontrar mi yo más significativo.

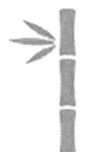 Ese año hubo muchas oportunidades espectaculares para explorar y aprender más sobre mí.

Su reacción fue la esperada. Creo que se esperaban esa decisión desde hacía un tiempo. Uno de ellos se quedó en absoluto silencio mientras que el otro replicó: «Bueno, en primer lugar, ¡j****! Y, en segundo lugar, me alegro por ti». Expresó que consideraba que diez años era un buen punto para ponerle fin a una carrera tan preciada. Iniciaría el proceso dejando de salir al aire. El 30 de julio de 2017 sería mi último programa.

Ese día llegó con rapidez. Estaba muy emocionado de probar mi nueva vida, pero no tenía ni idea de qué pasos daría. Mi único propósito era buscar aventuras y decir «sí» a cualquier oportunidad nueva e interesante que se me presentara. El año siguiente fue la experiencia más satisfactoria de mi vida. Ese año hubo muchas oportunidades espectaculares para explorar y aprender más sobre mí.

Muchos días me quedé sentado y no hice absolutamente nada. Para ser sincero, esos días fueron los más difíciles, porque sabía que estaba en una transición. Me recordaba que debía ser paciente, para poder ver adónde me llevaban esos días. En algunas ocasiones, me llevaban a observar la locura en la CNN. En otras, me hacían salir de casa para ir a tomar un café con un amigo o conocer a alguien nuevo e interesante. Estaba enfocado en que hubiera un poco de alegría cada día.

 Estaba abierto a todas las experiencias que se me presentaran.

Salía a caminar en la nieve y permanecía en el presente en cada paso. Algunos días, iba en coche a casa de un amigo para ayudarle a cosechar miel. Estaba abierto a todas las experiencias que se me presentaran. De vez en cuando había días de una increíble alegría que me mostraban mi *ikigai* completo en tecnicolor.

Hubo un día en el que me pidieron que presentara un evento especial con el legendario cantautor Ian Tyson. Era en el 150 aniversario de la Confederación en Canadá. Mi *ikigai* ese día me permitió presentar una sesión de canto con Ian de su exitosa canción de 1963, originalmente cantada con su exmujer Sylvia Tyson. Su canción, «Four Strong Winds», se ha convertido en un importante tema canadiense e himno *ad hoc* para la provincia de Alberta. Ese día, setecientos músicos trajeron sus guitarras, banjos, ukeleles y bajos al Olympic Square en Calgary, y tocaron y cantaron con Ian. Fue un día de alegría y orgullo. Ian me recordaba a mi padre en muchos aspectos. Su personalidad ruda me agradaba y me traía recuerdos de la época de mi infancia en la Alberta rural.

Unas semanas más tarde, mi mujer y yo fuimos a Portland, Oregón. Habíamos organizado una visita con nuestros queridos amigos Jennifer y Carsten Seemann. Nuestro objetivo era ver con nuestros propios ojos el eclipse total durante la tercera semana de agosto.

El día del eclipse despertamos muy temprano. El plan era salir de Portland y conducir hacia el sur durante una hora hasta un punto en el que el eclipse total estaría directamente encima de nosotros. No sabíamos qué esperar ese día en términos de tráfico. Parecía que todas las personas con las que hablábamos estaban planeando ir en coche al sur de Portland para ver el eclipse, igual que nosotros.

Decidimos viajar por las carreteras secundarias esa mañana. Se esperaba que el eclipse iniciara su camino hacia la totalidad a alrededor de las 10:15 horas. La totalidad sería 15 minutos más tarde, a las 10:30. Serpenteamos por unas carreteras muy estrechas, pavimentadas, hasta llegar tan al sur como pudimos. Cuando el reloj pasó las 10:00, pensamos que lo mejor que podíamos hacer era encontrar un lugar donde estacionar lo antes posible. Delante de nosotros, vimos un campo de un agricultor en el que se habían detenido algunos vehículos. Nos presentamos y nos unimos a ellos, y rápidamente nos hicimos amigos de las personas que estaban a nuestro alrededor. Una de ellas resultó ser un astrólogo que nos proporcionó mucha información interesante sobre lo que estaba a punto de ocurrir.

Ver un eclipse solar total es una experiencia alucinante. La luna permanece oculta en el cielo hasta que empieza a desplazarse por delante del sol. Cuando la luna se va colocando delante del sol, pareciera como si le hubieran dado un mordisco. La gente gritaba sin control. Todos tenían gafas de visión especiales que protegían sus ojos del sol. En los siguientes quince minutos, fuimos testigo de una de las visiones más especiales que habíamos visto en nuestra vida. La luna fue poco a poco dominando al sol, quitándole su abrumador brillo. La luz donde nosotros nos encontrábamos no parecía haber cambiado. Incluso una pequeña franja del sol proporcionaba la luz suficiente para que pareciera una mañana normal. Pero entonces la luna se colocó directamente delante del sol.

Un eclipse total de sol es una de las experiencias más impresionantes que una persona puede tener. No se puede describir con palabras. Es como si hubiera un agujero negro en el cielo, rodeado de un delgado anillo de boda que emite rayos cósmicos de energía. Es divino. La luz en la Tierra adquiere una tonalidad gris blancuzca apagada. Se asemeja al amanecer, pero no es exactamente igual. Sin embargo, lo más sorprendente es el horizonte. Si puedes apartar la mirada del eclipse y mirar en cualquier dirección, es como un amanecer o puesta de sol de 360 grados. Miras en cualquier dirección y no puedes creer lo que ven tus ojos. Sientes como si estuvieras en un momento imposible, en algún lugar entre el amanecer y el atardecer. Es extraño y hermoso al mismo tiempo.

En aquel momento, todos los que estaban contemplando el eclipse estaban en paz. Éramos uno. Fue una experiencia emocionante y satisfactoria que ocurre con muy poca frecuencia. Me encantó.

En septiembre me invitaron como afortunado participante a viajar en un rompehielos a través del paso del Noroeste en la costa norte de Canadá. La expedición Canadá C3 fue un viaje de 150 días que se inició en Toronto, pasó por las tres costas de Canadá y finalizó su aventura en Victoria. Conocí a mis compañeros de viaje en Edmonton. Volamos a Yellowknife, los Territorios del Noroeste y luego a Kugluktuk, Nanavut. Allí conocimos a la tripulación y al personal de la expedición, y empezamos a explorar.

Pasamos por los procedimientos de seguridad necesarios para subirnos a los botes Zodiac que nos llevarían al rompehielos. El océano Ártico es un lugar inclemente. El agua está mortalmente fría. Abordamos los Zodiacs con cuidado y llegamos a la nave, un rompehielos retirado que en el pasado había formado parte de la Marina canadiense. Su nombre oficial es *Polar Prince*.

El rompehielos es un barco bastante grande. Para abordarlo desde el agua, la tripulación utilizó unas grúas que estaban a bordo para levantar unas escaleras metálicas especiales y colgarlas del lateral. Una vez a bordo, cada uno de los participantes debía registrarse y entrar en la nave para explorar. Nuestros dormitorios eran compartidos y tenían literas. Mi compañero de habitación, Patrick Dell, es un fotógrafo y cámara que trabaja para el *Globe and Mail*.

La mañana siguiente nos reunimos para desayunar y para que nos informaran de lo que nos esperaba ese día. Podíamos elegir entre dos actividades: una caminata de 14 kilómetros hasta Bloody Falls, o una exploración de la tundra con el botánico Paul Sokoloff. Yo elegí la tundra.

La tundra es la cosa viva más bonita que he visto en mi vida. Es una vibrante gama de colores que van desde el verde, el morado y el rojo hasta el blanco, el marrón y el amarillo. Cuando di un paso fuera del camino de gravilla por el que llegamos, miré mis pies y vi más vida de la que había experimentado jamás. Caí de rodillas, maravillado. Bajé la cabeza todo lo que pude y observé que había hojas y unas plantas muy pequeñas con agujas de pino. Vi algo que parecían bayas. «¡Eh, Paul! ¿Puedo comer esto?», grité. Paul se acercó y me dijo: «¡Claro que puedes! Son bayas de cuervo». Eran de un color morado negruzco intenso y sorprendentemente gorditas y jugosas. Introduje unas cuantas en mi boca y empecé a masticar. Eran ácidas y carnosas, como un arándano denso de muesli. Me pregunté si sería posible hacer una tarta de bayas de cuervo. Las semillas en su interior eran gruesas y duras. Tenían uno de los sabores más memorables que he probado: eran terrosas y ásperas.

Ese día también probé la ácida de montaña en la tundra. Imagínate una hoja muy pequeña que se asemeja al ruibarbo. La hoja que me comí no era más grande que una uña del dedo meñique. Era crujiente y con una explosión de jugo que desafiaba cualquier explicación. Hizo explosión en mi boca como un bocado de sandía.

Podría escribir un libro entero sobre la expedición Canadá C3. Fue la aventura más satisfactoria de mi vida. Aprendimos sobre el norte y los inuit. Compartimos historias y canciones. Lo más valioso para mí fue la oportunidad de conocer cosas sobre las Primeras Naciones de Canadá y hacer amigos de algunas de esas naciones. Ellos nos enseñaron su punto de vista sobre la reconciliación. La empatía nos sacudió. La experiencia de Canadá C3 me abrió el corazón a la humanidad en mi país, Canadá.

En septiembre viajé con mi familia a Japón. Visitamos Okinawa y enterramos los pies en las arenas de la isla Hamahiga, donde nació mi abuela.

En enero lancé una obra unipersonal.

Cuando llegó febrero, abordamos otro avión rumbo a la República Dominicana. Nuestra misión era ayudar a construir techos sobre casas de cemento para familias necesitadas.

En abril me invitaron a dar una charla TED Talk en TEDx YYC. Decidí hablar sobre el *ikigai* de una forma divertida pero informativa. El nombre de la charla era How to *ikigai*. Puedes buscarla en Internet en TED o en YouTube.

 Estaba abierto a cualquier cosa: incluso al fracaso.

Por último, en junio comencé los ensayos para el *Calgary Stampede Grandstand Show*. Me habían pedido que hiciera el papel de presentador y cantante en ese espectáculo. Es prácticamente imposible describir el alcance que tiene el *Grandstand Show*. Se ha descrito como el espectáculo al aire libre más grande del mundo. Cada noche, veinte mil personas se reúnen para ver una variedad de espectáculos que no se parecen a ninguno de la historia. Es como si hicieran ceremonias de apertura para las Olimpiadas cada noche, durante once noches seguidas, con un elenco de doscientas personas. Cada actuación acaba con un inmenso espectáculo de fuegos artificiales. Mi tarea (increíblemente) consistía en cantar sobre un piano volador que se elevaba 24 metros por encima del escenario. Luego, el escenario se convertía en una fuente gigantesca al estilo de las fuentes Bellagio de Las Vegas, con fuentes encendidas con fuego.

No había forma de predecir ninguna de las aventuras que se me presentarían. Estaba abierto a cualquier cosa: incluso al fracaso. Pero el as que tenía bajo la manga era mi experiencia del pasado. He tenido tantas experiencias maravillosas a lo largo de mi vida que me sentía seguro de que todo iría bien. Siento que hay mucho que aprender. Siento que otra vez soy un hombre joven a punto de regresar a la universidad.

De lo que estoy más orgulloso es de haber estudiado la autorrealización y el *ikigai* sin descanso a lo largo del año.

Esta lista de mis experiencias sólo muestra los aspectos más destacados de mi año de *ikigai*. Lo que no muestra son las decenas de días en los que estuve sentado en una silla en casa, solo, considerando los pasos que debía dar a continuación. Esos días de soledad ocurrirán inevitablemente, ya que son un ingrediente esencial para que podamos reflexionar sobre los siguientes pasos a dar.

De lo que estoy más orgulloso es de haber estudiado la autorrealización y el *ikigai* sin descanso a lo largo del año. Me siento como si hubiera estado escribiendo una tesis sobre la felicidad y el significado. He descubierto cuál es mi propio *ikigai*: *deleitar.*

La razón por la que me levanto cada mañana es para deleitar. Cuando estoy en el supermercado y paso junto a las personas que están en los pasillos, puedo sonreírles. En la caja, tengo una conversación breve y positiva con el cajero o la cajera. Si canto sobre un escenario, transmito alegría al público. Cuando grabo un vídeo para YouTube o Facebook, mi objetivo es deleitar a los espectadores. Ahora mismo, mientras estoy escribiendo este libro, mi objetivo es deleitarte. Cuando envío deleite al mundo, de cincuenta maneras, todos los días, recibo a cambio cincuenta regalos de deleite.

Tú tienes el mismo potencial. No tienes que dejar tu empleo para tomarte un año sabático de *ikigai* para descubrirlo. Puedes seguir haciendo lo que estás haciendo, pero añadiendo más autorrealización a tus días. Los estudios muestran que es posible que esto tenga un impacto significativo en tu felicidad general.

He aprendido que la búsqueda del *ikigai* es un tremendamente agradable. El descubrimiento es la guinda del pastel. Cuando aprendes cada vez más sobre tus capacidades naturales y el impacto que tienen en el mundo, es como si tomaras un *espresso* de felicidad. Te da un impulso y te mantienes así hasta que aprendes algo más. Y luego eres impulsado de nuevo.

Creo que el *ikigai* y la psicología positiva funcionan de la mano para ayudarnos a convertir nuestro potencial en una realidad comprensible. Tú decides si vas a dar los pasos para descubrir tu *ikigai*. *Ikigai* o no *ikigai*, ésa es la cuestión.

Cómo tomarte un año sabático de *ikigai*

Si la idea de tomarte un año sabático de *ikigai* te resulta atractiva, entonces es posible que tengas mil preguntas. Si eres una persona mínimamente cuerda, entonces también tendrás preocupaciones.

 La clave para tomarte un año libre es la preparación.

Como le ocurre a cualquiera en cualquier momento de su vida, la clave para tomarte un año libre es la preparación. Tienes que estar preparado para ello mental y físicamente para que pueda ser el mejor año de tu vida.

Empieza ahorrando o reservando cierto dinero que te permita vivir sin trabajar durante un año. ¿Cuánto podrías necesitar para un año? ¿Cien mil dólares (en serio)? ¿Cincuenta mil dólares (ahora te vas acercando)? ¿Qué tal veinticinco mil dólares (ése sí es un objetivo noble)?

Necesitarás dinero para tener un techo sobre tu cabeza y comida en el estómago. Eso es todo. Olvídate del automóvil deportivo caro y la cuota del club. Un año sabático de *ikigai* se basa en cualquier monto que consideres que es el mínimo. Lo único que necesitas de todas maneras para el próximo año es a ti mismo.

Planifica tu año sabático de *ikigai*. Decide si vas a viajar o a quedarte cerca de casa. Prepárate para lo que vas a hacer en los siguientes doce meses. Cumple tus sueños. Si siempre has querido subir a una montaña, asegúrate de hacerlo. Busca las cosas que te inspiran y participa en ellas. Haz un voluntariado. Recauda dinero para tu organización benéfica favorita. Trabaja con adultos mayores. Tómate un café con alguien a quien no conozcas. Tú entiendes lo que es importante en tu vida. Si no es así, entonces lo averiguarás durante tu año sabático.

Advertencia: habrá algunos días, quizás muchos, en los que no harás absolutamente nada. Netflix y YouTube serán tus compañeros constantes. Eso no tiene nada de malo. Utiliza esos días para descansar bien. Un año de sabático de *ikigai* no es un año de energía sin límites.

Es un año de autorreflexión. Medita. Sal a caminar. Asegúrate de salir de casa para pasar tiempo con personas a las que quieres.

Si planeas viajar, asegúrate de no viajar tan sólo para ver cosas. En su lugar, disfruta de la compañía de otras personas. Cada destino al que vayas tiene el potencial de ser un sitio en el que hagas un nuevo amigo o una nueva amiga. Los viajes son mejores cuando te rodeas de la comunidad que estás visitando. Pasa tiempo con la gente del lugar. Haz uno o dos nuevos amigos. Las mejores experiencias de viaje en el mundo nos las proporcionan los lugareños con los que uno entabla amistad y que te muestran los alrededores.

 La ventaja que tienes sobre una persona joven que esté disfrutando de un año sabático es tu sabiduría.

Viaja frugalmente. Olvídate de los *resorts* de cinco estrellas que tienen todas las amenidades del mundo para hacer que te sientas cómodo. Opta por una cama en la que descansar y una conexión de wifi. Elige lugares incómodos, para que sientas ganas de salir del hotel para explorar.

Reflexiona cada día sobre lo que estás disfrutando de tu año sabático. Aprecia los momentos a medida que vayan llegando y valora tu buena suerte. Toma notas sobre lo que estás aprendiendo.

Si los años sabáticos son valiosos para los estudiantes y les cambian la vida, entonces son igualmente beneficiosos para los adultos. La ventaja que tienes sobre una persona joven que esté disfrutando de un año sabático es tu sabiduría. Durante tu año sabático aprenderás más sobre ti de lo que aprenderías en cualquier otro año de tu vida.

Una pregunta que deberías hacerte durante tu año sabático es: «¿Qué es lo que tengo que mostrar del último año de mi vida?». Para alguien con una vida normal, esa pregunta podría ser increíblemente difícil de responder. Para una persona que está en su año sabático de *ikigai*, la pregunta será una inspiración, no sólo para ella, sino también para los demás.

Los beneficios que recibirás de ese año serán inconmensurables. Ésta es una lista breve, pero incluirán lo siguiente:

- Volverás a conectar contigo mismo. Las tensiones del día a día de la vida te alejan de las cosas que realmente te importan. ¿Cuándo fue la última vez que no tuviste tiempo para hacer ejercicio o para salir de vacaciones porque estabas demasiado ocupado? Un año sabático te proporcionará todo el tiempo que necesitas para regresar a la importante tarea de ser tú.
- Descubrirás nuevas pasiones o expandirás las que ya tienes. ¿Qué es lo que siempre has deseado hacer en tu vida y no tenías tiempo? Ojalá no tengas que esperar hasta la jubilación para empezar a jugar al golf o pintar. Tu *ikigai* depende de que estés presente en el momento tan a menudo como sea posible. Tu año sabático de *ikigai* te proporcionará tiempo para explorar y disfrutar de las cosas buenas de la vida.

- Te reiniciarás y renovarás. Como ese ordenador exasperante en el que trabajas todos los días, tu corazón y tu alma también se pueden permitir un reinicio. Cuando te tomas unas vacaciones, te reinicias. Pero cuando te tomas un año sabático de *ikigai*, no sólo experimentas un reinicio, sino que además recibes un sistema operativo nuevo muy superior al viejo.
- Soñarás. Los sueños no son mejores cuando te demoras en que se hagan realidad. Es mejor cumplir tus sueños cuando están frescos en tu mente y eres lo bastante joven como para poder llevarlos a cabo. Los sueños no tienen que ser muy elaborados y caros. También pueden ser baratos y simples. Sin importar lo que ocurra, tus sueños están destinados a hacerse realidad. Te llenarán. Piensa en todos los sueños que podrías cumplir si tienes todo un año para ti.
- Tendrás de qué hablar. ¿Cuántas veces has visto a algún conocido y le has preguntado: «¿Qué hay de nuevo?». Normalmente recibirás la respuesta más deprimente del mundo. Tú lo pediste. Cuando te responden: «Nada nuevo», es tu maldita culpa por haber preguntado. Cuando estés en tu año sabático de *ikigai*, tendrás la mejor respuesta. Dile al mundo que te has tomado un año sabático para hacer que tu vida sea más plena. Tendrán un millón de preguntas y tú podrás compartir todos los detalles con ellos. Y, gracias a ti, querrán tomarse su propio año sabático de *ikigai*.

 Tu año sabático de *ikigai* hará que seas más responsable económicamente.

Ése será tu año para mejorar. Tu año sabático de *ikigai* comienza con el medio *ikigai*. Haz aquello que amas hacer y aquello que se te da bien. Un año entero haciendo sólo eso te permitirá tener el mejor año de tu vida. Imagina toda la información que obtendrás sobre ti.

Claridad. Trabajarás en tu propia claridad en la vida. Ya es hora de que descubras lo que es importante para ti, ¿no es cierto? Con 365 días a tu disposición, la claridad estará fácilmente a tu alcance (en especial si incluyes la meditación. Consulta el Capítulo once).

Tu año sabático de *ikigai* hará que seas más responsable económicamente. Sin tener ingresos, o unos ingresos reducidos (respira hondo), tu forma de ver el dinero cambiará. Empezarás a ver el valor de las experiencias frente a las cosas. Tus deseos y tus necesidades se reducirán. Incluso es posible que te deshagas de muchas cosas porque te darás cuenta de que no las necesitas.

Beneficios aparte, el año sabático de *ikigai* es una forma de descubrir tu propio *ikigai*. Al poner toda tu atención en el valor de tu vida, estarás invirtiendo en toda una vida de *ikigai*.

Al final de tu año sabático de *ikigai* habrás experimentado lo que se siente al ser más uno mismo. Conocer el valor de tu vida es una sensación muy intensa. Querrás implementarlo en tu vida con regularidad.

Capítulo trece

Kyoko persigue dragones

Era una mañana soleada cuando Kyoko despertó, exhausta después de lo que había logrado: el día anterior había matado al dragón y devuelto el reino al emperador Shoma. Éste era el primer día de «y vivieron felices para siempre». Kyoko se sentó en la cama, parpadeó y suspiró aliviada. De la noche a la mañana, tenía una habitación llena de flores.

El emperador había ordenado que sus sueños estuvieran siempre llenos de alegría. Su dormitorio estaría siempre lleno de flores. Era su forma de decirle «Gracias por haber cuidado de nosotros». Mientras Kyoko contemplaba asombrada el dulce gesto, se frotó los ojos y se preguntó: «¿Realmente ha terminado? ¿Ahora soy por completo libre para hacer lo que me plazca?». Estaba contenta con la sensación de logro. Se sentía recompensada con la gratitud de la gente.

Kyoko nunca había conocido la vida sin el dragón. Cuando era un bebé, el aliento ardiente del dragón había quemado vivos a sus padres. Su pueblo entero había ardido. Ella fue la única superviviente.

Sus tíos, que vivían en un pueblo cercano, la habían adoptado. Durante su infancia, el corazón de Kyoko añoró el amor de sus padres. Lo que quería más que nada era vengarse. Quería asegurarse de que ningún otro pueblo sufriría como había sufrido el suyo.

Mientras Kyoko crecía, se concentró en desarrollar su fuerza y sus habilidades para la lucha hasta convertirse en una experta en el arco y flecha, la espada y el kárate. Soñaba con el día en que sus habilidades para la lucha fueran tan poderosas que le permitieran salir de su pueblo en busca del dragón para matarlo.

Pero ya sabes que lo logró. Ahora Kyoko tenía una nueva vida, una vida con la que nunca había soñado. Era una heroína retirada.

Kyoko vivía una vida dichosa. Cada día, al despertar, abría los ojos en una habitación llena de flores, respiraba hondo y exhalaba su fragancia en agradecimiento. Su desayuno consistía en un banquete de gachas de arroz, sopa, verduras y pescado. El emperador hacía que le trajeran las más finas sedas para que los sastres reales pudieran hacerle a Kyoko toda la ropa con la que ella pudiera soñar. Cada uno de sus caprichos era satisfecho. No había nada que Kyoko pudiera necesitar. Incluso se enamoró.

Durante tres años, Kyoko disfrutó de una vida ociosa, pero cada día sentía que le faltaba algo. Su vida era épica. Tenía amigos y respeto en todo el reino. Entonces, ¿por qué se sentía tan vacía por dentro? ¿Esto era lo que se suponía que debía ser el «vivieron felices para siempre»?

Kyoko sonreía porque apreciaba todo lo que tenía, pero en su interior se sentía infeliz. Su vida persiguiendo al dragón había estado llena de aventuras. Estaba moviéndose constantemente, buscando pistas sobre dónde podría encontrarse la bestia. Sus batallas con los guerreros del dragón eran peligrosas y feroces, pero ella estaba triunfante. Su único objetivo en la vida era hallar al dragón y destruirlo.

Kyoko había hecho justo eso. Ahora estaba, por decirlo de alguna manera, aburrida. Pensaba muchísimo acerca de lo que podría hacer para encontrar más satisfacción en la vida. «¿Qué podría ser más glorioso que una vida en el reino?», se preguntaba.

 Para el resto de la gente en el reino, una vida fácil y con lujos era suficiente. Pero Kyoko necesitaba más.

Una mañana fresca de otoño, Kyoko despertó a un nuevo día y en una nueva habitación llena de flores otoñales. Puso los ojos en blanco y se golpeó la frente con la palma de la mano. «Uf, ¿esto otra vez?», dijo enfurruñada. Había llegado a su límite. Para el resto de la gente en el reino, una vida fácil y con lujos era suficiente. Pero Kyoko necesitaba más. Entonces, en ese preciso instante, decidió que tenía que encontrar un nuevo dragón para batallar.

Más tarde, ese mismo día, Kyoko llenó una pequeña bolsa con su ropa y envolvió su espada con una tela. Escondió la bolsa y la espada entre unos arbustos fuera de los muros del reino. Besó a su amante suavemente y le dijo que iba a visitar a sus tíos. Después, partió convencida de que sería para siempre.

Fuera del reino, Kyoko tomó su bolsa y su espada y corrió hasta unos árboles para cambiarse. Había puesto en la bolsa la ropa que llevaba el día que había matado al dragón. Se recogió el pelo hacia atrás como una campesina y metió su ropa fina en la bolsa, pensando que más tarde se desharía de ella. Por ahora, tenía que empezar a buscar a un nuevo dragón que matar.

Justo detrás de los árboles, vio a un niño pequeño cavando entre las raíces en busca de alimento. El pequeño tenía un palo y empezó a introducirlo entre los arbustos, simulando que mataba a un dragón. Kyoko permaneció oculta entre los árboles. El niño metió el palo en el follaje una vez más, golpeándola en las costillas.

—¡Ay! –gritó Kyoko, y el pequeño se sobresaltó.

—¿Quién anda ahí? –dijo el niño en voz alta.

Kyoko no contaba con eso. No esperaba que le preguntaran sobre su identidad tan pronto.

—Mi nombre es… Maro. Estoy buscando un dragón contra el que luchar –exclamó.

—Oh, ¿hay un dragón rondando por aquí? –preguntó el niño.

—No, pero quiero encontrar uno. No puedo dormir por las noches. Me preocupo por los dragones –le explicó Kyoko. Salió de los arbustos y se puso delante del niño.

—¡Eres una chica! –dijo el pequeño–. Maro es un nombre de chico, ¿no es así?

—Bueno, no pude opinar sobre el nombre que me pusieron mis padres. Me llamaron Maro, así que ése es mi nombre. ¿Por qué estás hurgando con el palo entre los árboles? ¿Cómo te llamas? –preguntó Kyoko.

—Me llamo Yuuto. Estoy buscando brotes de bambú para llevar a mi pueblo.

—¿Cómo se llaman tus padres? –preguntó Kyoko.

—Mis padres ya no viven. Murieron en un incendio.

—Oh… Lo siento mucho. Yo también soy huérfana. ¿Tus familiares cuidan de ti? –inquirió Kyoko.

—El pueblo cuida de mí y yo les ayudo a encontrar alimento –replicó Yuuto–. Por eso me llamo Yuuto. El pueblo me puso ese nombre. Significa «ayudante» –dijo y le mostró a Kyoko una bolsa llena de brotes de bambú.

—Encantada de conocerte, Yuuto. ¡Buen trabajo con los brotes de bambú! ¿Podrías llevarme a tu pueblo? Me gustaría conocer a un hombre sabio que pueda decirme dónde encontrar a un dragón con el que luchar.

—¿Por qué quieres luchar contra un dragón? –preguntó Yuuto.

—Me sentiré satisfecha cuando pueda luchar contra un dragón para matarlo. Lo he hecho antes. Necesito hacerlo otra vez –respondió Kyoko.

—¿No estás satisfecha ahora?

—No, sólo seré feliz cuando luche contra un dragón y lo mate.

Yuuto se encogió de hombros, confundido por la respuesta, y le indicó a Kyoko con un gesto que lo siguiera. Caminaron durante horas hasta llegar a un pueblo. Mientras caminaban, Kyoko se dio cuenta de que sería mejor que ella hiciera todas las preguntas. Le preguntó a Yuuto sobre su edad y su pueblo. También quiso conocer sus sueños en la vida. El niño tenía siete años y su sueño era ser adoptado por alguien que lo amara y lo aceptara siendo quien era: un huérfano que ayuda a la gente. A Kyoko se le rompió el corazón. Sabía por experiencia cómo era ser huérfano. Era como tener un hueco en el corazón.

Yuuto y Kyoko llegaron al pueblo a la hora de cenar. El pueblo se reunió para tener una cena comunitaria que fue más deliciosa aún cuando le añadieron los brotes de bambú que Yuuto había encontrado. El pequeño tomó a Kyoko de la mano y la llevó hasta un hombre sabio.

—Señor, esta es Maro. Tiene un nombre de chico, pero es una chica —dijo de una forma pícara—. Está buscando a un dragón contra el que luchar para matarlo. ¿Sabe dónde puede encontrar uno?

 Estoy buscando un dragón contra el que luchar...

El sabio miró a Kyoko sonriendo.

—Maro ciertamente es un nombre de chico. Significa «yo mismo». ¿Realmente estás buscando a un dragón, o te estás buscando a ti misma? —le preguntó.

—Estoy buscando a un dragón contra el que luchar. Ya lo he hecho antes y fue el momento más glorioso de mi vida. Quiero encontrar más dragones que matar para que nunca más aterroricen a la gente —replicó Kyoko.

—Los dragones son las criaturas más peligrosas de la Tierra. Llevan miedo y destrucción adondequiera que vayan. Hace años que no oigo hablar de un dragón, pero, sin embargo, sé que hay uno con el que puedes batallar si lo deseas —consideró el sabio.

—Si hay un dragón vivo, no descansaré hasta destruirlo —dijo Kyoko convencida. Sólo me centraría en ese dragón.

El sabio vio que Kyoko hablaba en serio. Supo en su corazón que necesitaba algo, pero dudaba que matar dragones fuera el origen del problema.

—Debes serte fiel a ti misma. Ve al bosque. Sigue el río hasta las montañas. Cuando llegues a las montañas, encuentra la montaña azul que es la más alta en el cielo. Asciende por esa montaña. En la cueva que se encuentra cerca de la cima encontrarás tu dragón. —El sabio hizo una breve pausa y luego miró a Kyoko a los ojos, diciendo—: Mientras estés en tu viaje, emprende la búsqueda de tu *ikigai*, tu razón de ser. —Se volvió hacia Yuuto y le dijo—: Debes ir con Maro. Necesitará tu ayuda.

 Para encontrar su *ikigai*, tendría que comprender plenamente el valor de su vida.

Kyoko no quería que Yuuto la acompañara. Era un viaje peligroso. Cuando encontrara al dragón, seguramente tendría lugar una batalla de vida o muerte. Tener que cuidar de un niño de siete años sería una responsabilidad enorme. Además, el anciano le dijo que estuviera atenta a la búsqueda de su *ikigai*. Seguir el rastro de un dragón, cuidar de un niño tan pequeño y estar a la búsqueda de su *ikigai* eran muchas cosas que manejar al mismo tiempo.

Pero Kyoko razonó que ya sabía cuál era su *ikigai*. Había aprendido el *ikigai* de sus tíos, pero sólo entendía el concepto en parte. Para encontrar su *ikigai*, tendría que comprender plenamente el valor de su vida. Ella sentía que ya sabía que el valor de su vida era matar dragones. Sólo necesitaba encontrar a un dragón.

Kyoko aceptó de mala gana dejar que Yuuto la acompañara. El niño le caía bien y era agradable hablar con él. Era inteligente y amable, y la ayudaría a encontrar alimento durante el viaje. Aceptó permitirle viajar con ella con una condición: cuando Kyoko encontrara al dragón, Yuuto debía dejarla luchar sola contra él. El pequeño estuvo de acuerdo.

Por la mañana, Kyoko despertó en una pequeña cama en una choza. Por primera vez en años, no vio una habitación llena de flores. Lo único que vio fue a Yuuto durmiendo en el suelo junto a su cama. Le tocó el hombro y lo sacudió con suavidad.

—Vamos, Yuuto. Debemos salir a buscar al dragón.

Yuuto llenó una pequeña bolsa con cosas necesarias: un cuchillo pequeño, una bolsa de arroz y el palo que había estado blandiendo el día anterior. Kyoko y él empezaron a caminar hacia el bosque.

—¿Tardaremos mucho en llegar hasta el dragón? –preguntó Yuuto.

—Tardaremos tanto como sea necesario. El sabio me dijo que fuera al bosque, siguiera el río, encontrara la montaña azul y luego la escalara hasta encontrar al dragón. Es imposible saber cuánto tiempo puede llevarnos eso. Sólo mantente junto a mí, no te pierdas y permanece atento a la comida que puedas recoger para nosotros –le explicó Kyoko–. Cuando el dragón esté muerto, me sentiré satisfecha.

Al final del día habían llegado al bosque. Yuuto buscó brotes de bambú y hongos entre los árboles para preparar una comida. El cielo nocturno estaba despejado. Los dos viajeros se sentaron junto a una fogata y hablaron acerca de lo que se sentía siendo huérfano. Ambos echaban de menos el sentimiento de formar parte de una familia. Soñaban con tener amor y apoyo. Deseaban tener a alguien con quien contar y en quien confiar durante el resto de sus vidas. Sobre todo, y más que nada, querían tener una sensación de pertenencia. Kyoko y Yuuto se quedaron dormidos, exhaustos, después de un largo día de viaje. ¿Cómo saber lo que les traería el día de mañana?

Al mediodía del día siguiente, los buscadores del dragón ya habían localizado el río. Era un arroyo hermoso con un agua turbia color azul esmeralda. Yuuto entró en el agua de una forma juguetona y dio un grito. El agua estaba helada, de modo que dedujeron que debía provenir de la nieve de las montañas. Yuuto salpicó a Kyoko y ella dio un grito.

El agua estaba demasiado fría como para nadar, pero fue divertido tener una pelea de agua rápida. Ninguno de los dos recordaba quién había ganado la pelea, pero sabían que se habían divertido. Continuaron caminando río arriba.

En la fuente del río encontraron un pequeño lago. Como había predicho el sabio, las montañas se encontraban al otro lado del lago. Sabiendo lo fría que estaría el agua, Kyoko y Yuuto decidieron que tendrían que dedicar un tiempo a construir una balsa y unos remos para cruzar el río, de modo que empezaron a reunir material. Kyoko halló unos troncos secos y Yuuto recogió unas enredaderas.

A lo largo de la tarde trabajaron amarrando los troncos con las enredaderas. Estuvieron construyendo la balsa hasta que la luna permaneció alta en el cielo. El día siguiente iba a ser un gran día para remar y escalar la montaña. Más les valía dormir un poco.

Cuando Kyoko despertó al amanecer, Yuuto había desaparecido. Tampoco estaban ahí su espada, la balsa y un remo. Kyoko se volvió hacia el lago. Ahí, en medio del lago, estaba Yuuto.

—¡Yuuto, regresa! –le gritó–. ¿Por qué me dejas? ¿Adónde vas?

—¡Voy a matar al dragón! –respondió él a gritos–. No quiero que te haga daño. ¡Mataré al dragón para que tú no tengas que hacerlo!

Kyoko estaba aterrada. Si algo le ocurría a Yuuto, lo lamentaría durante el resto de su vida. Tenía que llegar hasta la balsa. Con cada fibra de su alma se sumergió en el agua helada y nadó hacia la balsa con todas sus fuerzas.

Yuuto vio a Kyoko nadando hacia él. No lo podía creer. El miedo a que se ahogara lo invadió, de modo que comenzó a remar hacia ella.

El agua helada del lago hizo que Kyoko sintiera el frío hasta los huesos. Sólo llevaba dos minutos nadando cuando empezó a sentir que sus brazos perdían fuerza. Se esforzó para continuar moviendo las piernas. Yuuto todavía estaba lejos, así que tenía que seguir nadando.

Kyoko empezó a sentir el cansancio. Se sintió confusa, sin saber bien qué estaba ocurriendo. Yuuto remó para acercarse más a ella.

—¡Ya voy! –gritó.

Kyoko tragó agua y empezó a asfixiarse.

—¡Aguanta, ya estoy llegando!

A Kyoko le dolían los brazos y las piernas a causa del agua fría. Sentía que ya no le funcionaban. Trataba de patalear, pero no ocurría nada. Jadeaba en busca de aire. Empezó a sentir que se estaba quedando dormida y su cabeza se hundió por debajo de la superficie del agua.

En ese momento, Yuuto introdujo su mano en el agua y la agarró del cuello. Tiró de ella con todas sus fuerzas para sacarla del agua. Kyoko despertó y vio a Yuuto tratando de subirla a la balsa. Reuniendo las pocas fuerzas que le quedaban, se agarró de uno de los amarres de la balsa y subió su torso a bordo. Yuuto la hizo rodar hasta el centro de la balsa. Kyoko había sobrevivido gracias a Yuuto.

Iba a hacer falta un milagro para que Kyoko pudiera escalarla, pero debía hacerlo.

Yuuto remó hasta el otro lado del lago. Ayudó a Kyoko a llegar a la orilla y juntó madera para hacer una fogata para que entrara en calor. Unas horas más tarde, Kyoko ya se sentía suficientemente bien como para continuar. Los dos cazadores de dragones se dirigieron hacia la montaña.

Cuando llegaron a la base de la montaña, miraron hacia arriba sobrecogidos.

Era una montaña enorme, pero lo más desafiante era que estaba muy empinada. Iba a hacer falta un milagro para que Kyoko pudiera escalarla, pero debía hacerlo. Cuando encontrara al dragón y se enfrentara a él, todo ello habría valido la pena. Kyoko se volvió hacia Yuuto y le dijo:

—Aquí es donde debo dejarte. Gracias por ser mi amigo. Ha sido maravilloso estar contigo, pero esta montaña es demasiado peligrosa como para que vengas conmigo. El dragón es demasiado poderoso. Cuando lo encuentre, lo mataré, y entonces espero volver a verte, Yuuto. Has sido un ayudante estupendo.

Los ojos de Yuuto comenzaron a llenarse de lágrimas.

—Por favor, deja que te acompañe –le rogó–. No me interpondré en tu camino. Quiero ayudarte a luchar contra el dragón. Tengo que ayudarte. Ayudar es mi *ikigai*.

Kyoko se sintió triste al ver llorar a Yuuto. Sabía que el ascenso y la batalla serían demasiado brutales para él.

—Debes ayudar a tu pueblo –le dijo–. Eres demasiado importante para ellos y no pueden perderte. Tu *ikigai* es demasiado valioso como para que lo desperdicies. Regresa a tu pueblo con tus amigos. Yo me reuniré contigo cuando haya cumplido mi destino.

Kyoko comenzó a escalar la montaña y Yuuto empezó a caminar de regreso hacia el lago.

La montaña era fría e imposible de escalar. La cara del acantilado ofrecía muy pocas opciones, pero ella la escaló de todos modos. A medida que cada nueva sección se iba haciendo visible, Kyoko tenía que planear cuidadosamente cómo la conquistaría. Trepó durante horas.

Entonces llegó a una pequeña cornisa y se subió a ella para sentarse a descansar. Cuando se dio la vuelta para sentarse, miró hacia abajo. Para su asombro, vio a un niño pequeño escalando la montaña debajo de ella. Era Yuuto.

—¡Yuuto! –gritó–. ¿Qué estás haciendo? ¿Por qué me estás siguiendo?

Ninguna respuesta.

Kyoko se preguntó si Yuuto estaría bien. Pero él seguía trepando. Al poco rato se encontraba justo debajo de ella. Ella volvió a llamarlo.

—Yuuto, ven aquí. Estoy en el borde del precipicio.

El niño miró hacia arriba y vio a Kyoko.

—¡Voy!

Necesito ayudarte. Es mi destino. Ayudar es mi propósito en la vida.

Cuando Yuuto llegó hasta donde estaba Kyoko en el borde del precipicio, ambos se abrazaron aliviados. Se encontraban ya a mitad del camino de la montaña. De hecho, la cima estaba tan sólo a una hora de distancia, aproximadamente. No existía ninguna otra opción. Tenían que continuar escalando.

—¿Por qué me has seguido? –preguntó Kyoko.

—Necesito ayudarte. Es mi destino. Ayudar es mi propósito en la vida.

Kyoko dejó caer sus hombros. Vio la pasión en los ojos de Yuuto. Él debía ayudar y ella tenía que permitírselo. Si Yuuto no ayudaba, estaba negando su *ikigai*.

Kyoko le dio un fuerte abrazo al niño.

—Si debes ayudar, entonces lo entiendo. Sigamos escalando. Cuando lleguemos a la cueva del dragón, por favor, haz lo que tengas que hacer para protegerte. Yo lucharé contra él. Tú debes mantenerte al margen.

Los cazadores de dragones continuaron el ascenso.

Cerca de la cima de la montaña azul, Kyoko trepó a otra cornisa. Ésta era mucho más grande que las otras en las que se habían sentado y conducía hasta el otro lado de la montaña. Kyoko tomó a Yuuto de la mano para ayudarlo a subir.

—Mantente detrás de mí. Debemos ver adónde nos lleva esta cornisa –le dijo.

Kyoko desenvainó su espada. Lentamente, caminó por la cornisa hasta el otro lado de la montaña. Asomó la cabeza por una gran roca y vio una cueva.

—¡Es la cueva del dragón! –pensó. Se volvió hacia Yuuto y susurró–: Quédate aquí. –El niño obedeció.

Kyoko se asomó con cautela otra vez a la roca. La bordeó y entró en la cueva.

Permaneció dentro de la cueva durante un rato que le pareció muy largo. Yuuto se quedó sentado fuera, en la cornisa, preocupado por ella. Esperó y esperó. Finalmente ya no pudo esperar más. Rodeó la roca y se introdujo en la cueva.

Era una cueva poco profunda. En realidad, no era una cueva muy grande. Yuuto vio a Kyoko sentada, con las piernas cruzadas, cerca del fondo de la cueva, mirando hacia la pared.

Cuando se fue acercando a Kyoko, se dio cuenta de que la muchacha estaba mirando fijamente unas palabras talladas en la pared de la cueva. Yuuto le tocó con cuidado la espalda.

—Maro, ¿estás bien?

Kyoko hizo una pausa antes de responder.

—Sí, estoy bien. Pero me siento tonta.

—¿Por qué? ¿Qué dicen esas palabras? ¿El dragón está muerto?

—Las palabras me han enseñado que no hay dragones. Sólo hay tontos. –De mala gana, añadió–: Las palabras dicen: «Practica el *ikigai* hoy. Regresa mañana».

Mi ikigai no es matar dragones.

—No hay dragones. No me sentiré satisfecha matando dragones. Sólo estaré satisfecha cuando viva el propósito de mi vida cada día. Hoy he aprendido algo importante, Yuuto. Mi *ikigai* no es matar dragones. Es *cuidar de los demás.* Mi nombre no es Maro. Es Kyoko. El sabio me dijo que Maro significa «yo misma». También sé que Kyoko quiere decir «espejo».

Necesitaba recordarlo para serme fiel a mí misma. Ya maté a un dragón en el pasado. No tenía claro por qué lo hice, pero ahora sé que maté al dragón para cuidar de los demás. Para sentirme realizada cada día, debo cuidar de los demás. Tengo que comprender plenamente mi *ikigai.*

No se puede encontrar el *ikigai* en el futuro. Sólo se puede vivir en el presente.

Kyoko y Yuuto se quedaron sentados en la cueva unos minutos más. Ella le prometió al niño que cuidaría de él hoy y mañana. Yuuto prometió que la ayudaría a hacerlo… hoy y mañana.

El filósofo Alan Watts era un firme creyente en el aquí y ahora. En una ocasión afirmó: «Si la felicidad depende de algo que esperamos en el futuro, estamos persiguiendo un espejismo que siempre se nos escapa, hasta que el futuro, y nosotros, nos desvanecemos en el abismo de la muerte». No se puede encontrar el *ikigai* en el futuro. Sólo se puede vivir en el presente.

En lugar de perseguir el título de «millonario hecho a sí mismo» en el futuro, debes ser «un creyente en las maravillas autónomo» en el presente. Practica el *ikigai* hoy. Regresa mañana. No es una orden. No es un secreto. Es una elección.

Una pequeña inversión de tu tiempo hoy para hacer lo que amas hacer y lo que se te da bien es la acción determinante que afectará al valor de tu vida. Tu medio *ikigai* supondrá una profunda diferencia en tu vida si lo conviertes en una prioridad hoy y mañana.

Para poder sentir que el presente tiene significado, debes esforzarte por hacer lo que es significativo para ti. Cuando llegue el mañana, repítelo. Parece algo sencillo, pero está muy lejos de serlo. Requiere trabajo. Tu trabajo dará como resultado algo más significativo. Practica el *ikigai* hoy. Regresa mañana.

No existe una manera fácil de vivir una vida con sentido. Debemos trabajar en ello cada día. Esto es más fácil si uno es consciente. Kyoko logró algo muy grande cuando mató al dragón que había asesinado a sus padres. Pero el día después de la victoria, perdió contacto con el motivo por el cual lo había hecho. Kyoko mató al dragón para asegurarse de que no le hiciera daño a nadie más. Lo mató para cuidar de todos los demás.

Para sentirse realizada, Kyoko necesitaba ser consciente de su verdadero *ikigai* y cuidar de los demás. Ni todas las flores del mundo, ni ningún lujo, ningún sirviente, ninguna comida deliciosa podían ser tan satisfactorios como simplemente cuidar de los demás. Yuuto fue una bendición para Kyoko. Él la necesitaba a ella y ella lo necesitaba a él.

Prioriza tu *ikigai* todos los días. Acuérdate de incluirlo como un aspecto importante de tu día.

¿Por qué es poco práctico hacer del *ikigai* un aspecto importante del presente? Tu tarea consiste en ocuparte de tener comida, alojamiento y seguridad. Vivimos en una época en la que podemos elegir entre un millón de niveles de confort. Por el mismo precio, puedes vivir en un piso de dos habitaciones y un baño en el centro de la ciudad o en una casa de cuatro dormitorios en las afueras. ¿Cuál de los dos es más gratificante? El confort es subjetivo y negociable.

Haz lo que amas hacer y aquello que se te da bien. O no lo hagas. ¿Cuál de las dos opciones es más gratificante para ti? El *ikigai* no es subjetivo ni es negociable. O lo practicas o no lo practicas. El sentido de tu vida se verá reflejado de acuerdo con ello.

Y puede cambiar. Con una pequeña inversión diaria sólo en tu medio *ikigai*, puedes sentir de inmediato las alegrías y los beneficios del *ikigai*. Haz aquello que amas. Haz aquello que se te da bien. Empieza hoy. Regresa mañana.

Capítulo catorce

El nuevo hábito del *ikigai*

Este libro se titula *Cómo practicar el ikigai*. La pregunta que realmente exige una respuesta es la que Simon Sinek quiere que respondas para conocer verdaderamente tu *ikigai*. Como recomienda el título de su libro, *Start with Why* («Empieza por el porqué»), entonces, ¿por qué realizar tu *ikigai*?

 Quieres hacer lo que amas, lo que se te da bien, lo que el mundo necesita y aquello por lo que puedes ser recompensado.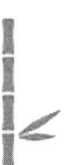

Si el *ikigai* resuena contigo, existe una gran probabilidad de que lo haga por un motivo. Quieres hacer lo que amas, lo que se te da bien, lo que el mundo necesita y aquello por lo que puedes ser recompensado. *Quieres expresar más de ti en tu vida.*

Si eso es cierto, entonces *Cómo practicar el ikigai* se reduce a esto: es hora de que inicies un nuevo hábito de *ikigai*. A lo largo de este libro has podido conocer al menos veinte historias de personas que han compartido su *ikigai* con el mundo. Matthieu Ricard, Miles Davies,

Siddhartha, Casey Neistat, Massaki Hiroi y todas las demás personas mencionadas en este libro tienen una cosa en común: cada una de ellas prioriza el *ikigai* como parte de su día. Quizás no lo llamen *ikigai*, pero están haciendo lo que aman, lo que se les da bien, lo que el mundo necesita y aquello por lo que pueden ser recompensadas. Han desarrollado su acción para compartir sus dones convirtiéndolos en un hábito. ¿Por qué incluyen el *ikigai* como un hábito cada día? Porque sienten el ciclo gratificante que sus dones brindan al mundo.

Espero que este libro haya sido un regalo para ti. Para mí ha sido un regalo escribirlo. Mientras investigaba y aprendía más acerca del *ikigai*, me encantó ver cómo emergía un patrón. El *ikigai* es una filosofía ancestral con un potencial no realizado. Sólo una pequeño número de personas ha sido capaz de abrazar el *ikigai* a lo largo de los siglos.

Pero entonces Dan Buettner mencionó el *ikigai* en su libro *Blue Zones*[4] y eso desencadenó algo en la mente colectiva de las personas curiosas. Marc Winn leyó acerca del *ikigai* en *Blue Zones* y eso le llevó a una conexión con otra idea sobre el propósito. Winn fusionó el *ikigai* con el diagrama de Venn que se puede encontrar en todo el mundo en la actualidad. Su imagen viral ha hecho que millones de personas tengan una comprensión clara del «cómo» del *ikigai*.

Ahora bien, yo creo que el *ikigai* tiene conexiones poderosas con la psicología positiva. Las prácticas de la meditación, la riqueza de tiempo y el establecimiento de metas están demostrando ser herramientas efectivas para la autorrealización. La Dra. Laurie Santos está enseñando estas herramientas en su curso, La ciencia del bienestar, en la Universidad de Yale. ¿Está el *ikigai* preparado para el horario de máxima audiencia? Podría estarlo si la meditación de atención plena es una parte clave del hábito.

Una teoría: el *ikigai* tiene el potencial de cambiar las necesidades humanas.

En 1943, Abraham Maslow investigó y redactó su teoría de la jerarquía de necesidades. En ella proponía que los seres humanos tienen cuatro necesidades que deben ser satisfechas a diario y una necesidad

---

4. Trad. Cast.: *El secreto de las zonas azules*. Editorial Grijalbo, España, 2016.

que es opcional. Maslow teorizó que las personas requerían que sus necesidades de alimento / refugio, seguridad, conexión social y reconocimiento (ego) fueran satisfechas cada día para poder llegar a considerar trabajar en su autorrealización. En aquella época, la práctica de la autorrealización estaba en pañales. Es lógico que nadie quisiera centrarse en ella.

Desde entonces, han florecido los avances en la psicología, la autoayuda y la aceptación social del bienestar. ¿Puede un nuevo hábito de *ikigai* trasladar la necesidad diaria de ego al montón de lo «menos necesario»? ¿Sería eso significativo?

Considera esto: la jerarquía de necesidades del *ikigai*.

Jerarquía de necesidades del *ikigai*

Como puedes ver, la pirámide de la jerarquía de necesidades del *ikigai* incluye el *ikigai* como una necesidad diaria. Es una prioridad diaria que tiene el potencial de convertir el *mindfulness*, la autorrealización y el valor de la vida en un hábito. Este nuevo hábito tiene el beneficio de reducir el ego y hacer que sea menos relevante. *El secreto es incluir una meditación diaria de atención plena.*

¿Es esto posible? Si fueras más consciente, ¿podrías trabajar en tu *ikigai* de una forma más intencionada? Al hacerlo, ¿sería tu ego menos prevalente?

El nuevo hábito del *ikigai* sería algo como lo siguiente:

1. Ponte la meta de practicar el medio *ikigai* durante treinta días.
2. Experimenta, inicia una actividad paralela, empieza a tener una actividad paralela útil, haz un poco de *job crafting*. Empieza a practicar tu medio *ikigai* de inmediato. Reserva tiempo cada día para hacer lo que amas y lo que se te da bien.
3. Establece un horario para tu meditación *mindfulness* diaria.
4. Sé consciente de cómo te sientes. Anota todo en un diario o en tu teléfono.
5. Al final de esos treinta días, ¿cómo te hace sentir el *ikigai*?

Seré el primero en admitir que no he investigado sobre esta teoría. Sólo puedo decir que tengo esperanzas respecto a los avances que está haciendo la psicología positiva en las vidas de las personas. El *ikigai* es una práctica que merece la pena y que tiene el enorme potencial de dar sentido a tu vida. Pero como cualquier cosa que merezca la pena, requiere un esfuerzo.

Un nuevo hábito de *ikigai* te hará ver lo maravillosos que pueden ser tus días. No esperes a mañana para iniciar tu nuevo hábito. Practica el *ikigai* hoy. Regresa mañana.

Acerca del autor

Tim Tamashiro fue presentador de la CBC Radio y es un apasionado del *ikigai*, o el valor de la vida. Su *ikigai* («deleitar») le ha proporcionado una serie de carreras y experiencias. Tim ha colaborado con estrellas del rock para MCA Records, ha trabajado como animador y presentador de televisión y, sorprendentemente, ahora escribe libros. Además, es un aclamado cantante de jazz, con seis álbumes en su haber. En una ocasión, distribuyó dos de sus propios álbumes a La Senza, la cadena de lencería más grande de Canadá.

Tim es un apasionado aventurero y narrador de historias. En una ocasión cantó sobre un piano volador. Además, es conferenciante de TEDx. Le encanta interactuar y compartir sonrisas con la gente.

Índice